Der alte Friedhof in Gießen

von Gerhard Bernbeck

2. erweiterte Auflage 1981
© Verlag der Ferber'schen Universitäts-Buchhandlung Gießen
Inh.: Dieter Schormann
Gesamtherstellung: Offset Köhler KG, 6300 Gießen-Wieseck
Printed in Germany
Alle Rechte vorbehalten

ISBN 3-922730-05-1

Leitwort: Was kümmerte uns Vergangenheit, wäre sie nicht Organ unserer Zukunft.

Bettina von Arnim

*In dankbarer Erinnerung an
Wilhelm Koch
Oberkriegsgerichtsrat i.R.
*11. August 1866 in Gießen
† 23. Juni 1957 in Bad Nauheim*

der in Jahrzehnten auf mehr als 3000 Zetteln sich Notizen über die Geschichte von Gießen und der in ihr lebenden Bürger gesammelt hatte. Alles ging in der unseligen Nacht vom 6. auf 7. Dezember 1944 verloren. Vor fast 30 Jahren führte er mich über den Alten Friedhof und übergab mir ein Heft, in dem er aus dem Gedächtnis 138 Gräber beschrieb. Wilhelm Koch übergab mir den Auftrag, den ich hiermit erfülle, die Erinnerung an die Stätte der Toten für die Nachfahren am Leben zu erhalten.

Rötlich kommt der Morgenschein
Und es kommt der Abendschimmer
Traulich bei dem Bilde ein:
Doch die Menschen kommen nimmer.

Leise werd' ich hier umweht
Von geheimen, frohen Schauern,
Gleich als hätt' ein fromm Gebet
Sich verspätet in den Mauern.

Schielend grüßet hell und klar
Noch die Sonn' in die Kapelle
Und der Gräber stille Schar
Liegt so traulich vor der Schwelle.

Alles schlummert, alles schweigt,
Mancher Hügel ist versunken,
Und die Kreuze stehn geneigt
Auf den Gräbern schlafestrunken.

Nikolaus Lenau

Dies sind Verse im Auszug aus einem Gedicht von Nikolaus Lenau, das die Überschrift trägt: Die Wurmlinger Kapelle. Er besingt darin jene Kapelle in der Nähe von Tübingen, die auch Ludwig Uhland zu den Versen veranlaßt hat, die so ganz in das Bewußtsein des deutschen Volkes eingegangen sind:

Droben stehet die Kapelle,
schauet still ins Tal hinab;

Die Worte von Nikolaus Lenau lassen sich voll und ganz auf unsere Kapelle auf dem Alten Friedhof in Gießen übertragen. Der Friedhof hat eine lange Geschichte, die sich leider in den Akten wenig verfolgen läßt. Kriegszeiten und wohl auch mancher Unverstand haben uns aller schriftlichen Unterlagen beraubt. Was wir über seine Geschichte wissen, stammt aus schriftlicher oder mündlicher Überlieferung durch zweite Hand. Es ist an der Zeit, daß die vorhandenen Nachrichten, die in vielen Arbeiten in Büchern und Zeitschriften zerstreut sind, zu einer einheitlichen Betrachtung zusammengetra-

gen werden. Dem Besucher des Alten Friedhofes -das sind nicht wenige - soll damit Gelegenheit gegeben werden, etwas von dem Hauch der Geschichte zu spüren, der uns an diesen Gräbern umweht.
Wenn man das Wörterbuch der Deutschen Sprache, herausgegeben von Kluge-Götze, das durch Jahrzehnte von Gießen aus seinen Weg in die Welt nahm, zur Hand nimmt, so können wir zugleich verfolgen, wie auch in Gießen, je nach den Gegebenheiten, der Ort, wo die Toten zu Grabe getragen wurden, drei verschiedene Namen bekam.
Ursprünglich wurden auch in Gießen die Toten in dem Bereich bestattet, der - das ist ganz wörtlich zu nehmen -im Schatten der Kirche lag. So ist es auch zu verstehen, daß in manchen oberhessischen Dörfern die Mauern des Kirchhofs ein Oval bilden, dessen Größe und Umfang durch den Schatten des Kirchturmes auf der Westseite über die Nordseite beginnend, begrenzt war. Das hatte zur Folge, daß der größere Kreisbogen des Ovals auf der Nord- und Südseite lag und der kleinere Kreisbogen des Ovals im Westen und Osten; denn die Kirchen waren ja mit dem Altarraum nach Osten orientiert, so daß Morgen- und Abendsonne einen längeren Schatten bildeten.
Urtümliche Vorstellungen, die noch aus vorchristlicher Zeit stammen können, lagen dabei zu Grunde, daß die Toten in diesem Bereich im Schatten der Kirche unter einem besonderen Schutz ihre Ruhe finden. Im Laufe der Zeiten wurden diese Kirchhöfe immer wieder neu belegt, wobei die bei der Anlage neuer Gräber gefundenen Gebeine in einem Beinhaus beigesetzt wurden. Das bekannteste Beinhaus steht in Oppenheim am Rhein neben der Katharinenkirche. So wurden auch in Gießen durch Jahrhunderte bis um 1500 die Toten neben der Stadtkirche, von der nur noch der Turm übrig geblieben ist, beerdigt.
Nun starben im Jahre 1529 infolge der Pest gegen 1500 Einwohner innerhalb weniger Monate, so daß der Kirchhof um die damalige Pankratiuskirche nicht mehr ausreichte. So wurden die Toten in der Bedrängnis einer Pestepidemie vor den Toren der Stadt auf einem Acker - vielfach wohl in Massengräbern ohne Särge - zu Grabe getragen. 1597 wissen wir von 350 Pesttoten, 1606 und 1613 sind uns ähnliche Zahlen bekannt. Unfaßbar erscheint es für uns heute, daß im Jahre 1635 neben 1200 Pesttoten noch weitere 200 Einwohner begraben wurden. Dazu sind noch Soldaten und Flüchtlinge zu rechnen, die in den damaligen Kriegszeiten sich in die Festung Gießen flüchteten und von der Pest ereilt wurden. Nicht alle Beerdigungen wurden in das Kirchenregister eingetragen. Innerhalb eines Jahres verstarb also in Gießen die Hälfte der Bevölkerung.

Bild 1. *Eine Ansicht von Giessen aus der Zeit um 1850 vom Nahrungsberg aus. Seit Jahrzehnten sind die Stadtmauern verschwunden, aber noch dehnt sich die Stadt nicht nach Osten aus.*

Die Anlage des jetzigen Alten Friedhofes hatte aber noch einen weiteren Grund. Im Jahre 1530 wurde Gießen zur Festung bestimmt. Mauer, Wall und Graben wurden angelegt. Der heutige Anlagenring gibt uns noch einen Begriff von dem Umfang der Befestigungsanlage. Es gehörte zu den militärischen Erfordernissen, daß das Vorfeld eingesehen werden konnte. Jede Bewegung eines Gegners sollte im freien Feld vor den Festungsmauern beobachtet werden. Damals wird wohl der zweite Gießener Friedhof auf dem Seltersberg im Süden der Stadt den militärischen Notwendigkeiten zum Opfer gefallen sein. So wurde der „Acker" im Osten der Stadt, wo die vielen Pesttoten zu Grabe getragen worden waren, zum „Gottesacker". Seinen ursprünglichen Umfang können wir an dem Mauerwerk aus Bruchsteinen erkennen. Die Erweiterungen des 19. Jahrhunderts konnten aus den reichlich vorhandenen Sandsteinen erbaut werden. In den Kriegszeiten kurz vor 1800 hatte es sich erwiesen, daß die Festungsmauern von 1530 einer modernen Artillerie nicht mehr gewachsen waren. Darum wurde 1807 mit dem Abbruch der Befestigungsanlagen begonnen. Der Sandstein war einst aus der Marburger Gegend herangeschafft worden. Die Steine wurden auf Lastkähne verladen und von Pferden gezogen, lahnabwärts nach Gießen gebracht. Wir wissen, daß die Steine für den Bau des Zeughauses in einem eigens dafür ausgegrabenen Kanal bis an die Baustelle gebracht wurden. Ein mit Zaun oder Mauer versehener Gottesacker bekam durch seine *Einfriedung* den Namen *Friedhof*.

Bild 2. *Die Kapelle auf dem Alten Friedhof im Inneren.*

Über den Bau der Kapelle, von der es in einer alten Urkunde heißt „Kapelle auf dem Gottesacker", sind wir genau im „Bild". Bis zum Jahre 1944 hing in der Kapelle ein Porträt mit der Unterschrift: *„Im Jar nach unseres lieben Herrn und Seligmachers Jesu Christi geburt 1623 auf Johannis Baptistae, ist diese Kapelle von Johannes Ebelln zum hirsch, der stat Giessen verordneten bawherrn, Gott zu ehren aufgericht worden fangen, und im Jar Christi 1625 vollendet und ufertiget worden."*
Das Bild befindet sich z.Z. im Oberhessischen Museum.
Die Kriegszüge des französischen Revolutionsheeres ließen auch Gießen nicht unberührt, noch nicht einmal die Kapelle auf dem Alten Friedhof. Sie wurde in eine Artilleriewerkstatt umfunktioniert, als die Franzosen 1794 nach Gießen kamen. Wahrscheinlich hatte die Kapelle dabei Not gelitten, zumal die folgenden Jahrzehnte viele Kriegsnöte auch nach Gießen brachten. Wichtige Reparaturen wurden unterlassen, so daß es um 1840 zu einem Einsturz kam, der eine grundlegende Erneuerung der Kapelle erforderte. Leider sind uns keinerlei Bilder über den Zustand der Kapelle vor 1840 bekannt. Die grundlegende Erneuerung erweckte wohl auch die Pläne zu einer Erweiterung der Kapelle; denn Gießen hatte inzwischen seine Einwohnerzahl auf mehr als das Doppelte, auf 8000 Einwohner erhöht. Man übergab den Auftrag an den Gießener Univ.-Professor für Architektur, Hugo von Ritgen. Der Aufbau des Fachwerkes, an die oberhessische Bauweise angeglichen, stammt aus dieser Zeit. Von Ritgen kam zu Weltruf, als er Jahrzehnte hindurch die Restaurierung der Wartburg leitete. Im Jahre 1927 wurde für den Ostteil der Stadt die evangelische Luthergemeinde gebildet, die seitdem in der Kapelle regelmäßig Gottesdienste hält. Zu Beginn dieses Jahrhunderts hatte die Stadt im Austausch gegen den Turm der Stadtkirche die Kapelle von der evangelischen Gemeinde übernommen.
Bei dem Besuch des Friedhofes wollen wir unsere Aufmerksamkeit zunächst einmal dem Inneren der Kapelle widmen. Beim Betreten überwältigt uns geradezu eine Fülle von Grabmälern in den verschiedensten Ausführungen. Drei davon fallen besonders ins Auge. Sie stellen, aus Stein gehauen, drei Professoren dar, die maßgebend an dem Aufbau der Universität beteiligt waren. Der eine im Jahre 1607, die beiden anderen nach der Wiedereröffnung im Jahre 1650. Da die lebensgroßen Figuren in Farbe gehalten sind, üben sie auf den Beschauer einen besonderen Eindruck aus. Diese Grabmäler sind eine Arbeit der Marburger Bildhauer Adam und Philipp Frank, die auch zeitweise in Gießen wirkten.

Bild 3. *Professor D. Justus Feuerborn († 1656)*

Wie kam es zu dieser Sternstunde für die Stadt Gießen mit 3000 Einwohnern, die ihr eine Universität schenkte, die nach 370 Jahren noch so der Stadt das Gepräge gibt? In aller Kürze sei eine Schilderung soweit gegeben, wie es zum Verständnis der drei Grabmäler hilfreich ist.
Landgraf Philipp der Großmütige hatte in seinem Testament sein Reich an seine vier Söhne aufgeteilt. Er hatte 1527 die erste evangelische Universität in Marburg errichtet. Sie sollte für alle vier hessischen Landgrafschaften die gemeinsame Universität bleiben. Als 1604 die Marburger Linie ausstarb, waren noch die Landgrafschaften Hessen-Darmstadt und Hessen-Kassel übrig, aber der Kasseler Landgraf Moritz führte Neuerungen ein, die die Theologen der Fakultät Marburg aus Glaubensgründen ablehnten, so daß es schließlich zu einem Auszug der Professoren mit ihren Studenten nach Gießen kam. Man hatte zuvor schon einen leisen Wink gegeben, daß sie dort willkommen seien. Anführer war der Professor Winkelmann, andere Professoren, unter ihnen der Theologe Balthasar Mentzer, folgten nach. Es dauerte zwei Jahre bis 1607 auf der kaiserlichen Kanzlei in Prag endlich die Gründung der neuen Universität in Gießen durch ein noch vorhandenes Decret gestattet wurde. In der Zwischenzeit hatte man sich mit einem „gymnasium illustre" beholfen, dessen Errichtung dem Landgrafen in Darmstadt zustand. Der Landgraf Ludwig mußte selbst nach Prag fahren, und seine Unterhändler hatten auf der kaiserlichen Kanzlei in Prag auch einige „Unkosten" zu ersetzen, bis es zur Bewilligung einer Universitätsgründung kam. Dabei war der Vorbehalt gemacht worden, daß Gießen wieder aufgelöst werden müsse, wenn der alte Konfessionsstand in Marburg wiederhergestellt werde. Das war von 1624 bis 1650 der Fall. Die Gießener Universität wurde geschlossen, und ihre Professoren wurden wieder in Marburg eingesetzt. Mit dem Ausgang des dreißigjährigen Krieges galt Marburg als Vertreter der reformierten Theologie Calvins, während Gießen eine lutherische Universität wurde.
Die jüngste Universität des damaligen Deutschen Reiches war unter der Führung dieser drei Theologen, Winkelmann, Feuerborn und Haberkorn, innerhalb einer Generation zu einer Spitzenstellung gekommen. „Die Gießener Theologie war auf den Leuchter gehoben worden." So schreibt Prof. Dr. Lic. Steitz in seiner „Geschichte der Evangelischen Kirche in Hessen und Nassau". Worin bestand diese Gießener Theologie? In zwei Lehrfragen, die die gesamte evangelische Christenheit in Deutschland bewegten, war nach mancherlei Auseinandersetzungen, die nicht zu den erfreulichen Kapiteln der

Bild 4. *Professor D. Peter Haberkorn († 1676)*

Kirchengeschichte gehören, schließlich die gegnerische Seite, wie etwa die schon 150 Jahre bestehende Tübinger Universität, unterlegen und Gießen hatte in Wittenberg und der ältesten deutschen Universität Leipzig eine Bestätigung gefunden. Wie das Volk diesen Erfolg beurteilte, soll nicht verschwiegen werden. Es ging der Spruch um:

> Der Feuerborn und Haberkorn
> Die haben die ganze Welt verworr'n!

Worum ging es: Zunächst einmal um ein Lehrstück, in welchem Verhältnis die Göttlichkeit und die Menschlichkeit Jesu in seinem Erdendasein gestanden habe. Zum anderen erweiterten die Gießener Theologen die gesamte evangelische Theologie erstmalig nach dem Zeitalter der Reformation um ein Lehrstück, dessen Rechtgläubigkeit ebenfalls Bestätigung fand: *Unio mystica* = d.h. Gott wirkt nicht nur in dem Gläubigen, sondern wohnt in einer nur Gott eigentümlichen Weise in dem Gläubigen inne.

Auch bei einer dritten Gelegenheit führte die Haltung von Gießen, insbesondere die von Peter Haberkorn zu einer kirchengeschichtlichen Entscheidung. Ein Landgraf Ernst von Hessen, der seinen Sitz auf der Burg Rheinfels, - linksrheinisch oberhalb von St. Goar - hatte, lud Peter Haberkorn zu interkonfessionellen Gesprächen ein. Landgraf Ernst von Hessen-Rheinfels war ein Sohn des Kasseler Landgrafen Moritz, der nach den damaligen Gebräuchen an Fürstenhöfen in sechs Studienjahren in Holland, England, Frankreich, Schweiz und Italien unterwegs war. Peter Haberkorn begab sich unter Begleitung seines Kollegen und Bruders, seiner Schwiegermutter, des Professors Balthasar Mentzer des Jüngeren, und des Alsfelder Pfarrers und Magisters der Theologie, der zugleich auch das Amt eines Inspektors hatte, auf den Weg. Das geschah alles im Einverständnis mit dem Landgrafen in Darmstadt. Auf Burg Rheinfels trafen als Gesprächspartner drei Kapuziner und zwei Jesuiten ein. Am 3. Dezember 1651 war man auf die Burg Rheinfels gekommen, am 11. Dezember reiste man nach vielen Gesprächen und Verhandlungen, die der Landgraf z.T. mit dem Team aus Gießen allein führte, ab. Kurz darauf kam nach Gießen die Nachricht, von der man gerüchteweise schon in Rheinfels gehört hatte: Landgraf Ernst war im Dom zu Köln am 6. Januar zum katholischen Glauben übergetreten. Ein großes Aufgebot von geistlichen und weltlichen Würdenträgern war zugegen, als der Enkel Philipp des Großmütigen diesen Schritt vollzog. Peter Haberkorn fühlte sich nicht wenig brüskiert. Er sah, nicht zu

Unrecht, die Tage in Rheinfels als Scheinverhandlungen an.
Es wird wohl mit an diesen Enttäuschungen gelegen haben, daß ein weiteres ähnliches Angebot, wie das von Landgraf Ernst, sofort von persönlichem Mißtrauen belastet war. Im Jahre 1660 hatte der Kurfürst und Erzbischof von Mainz, Johann Philipp von Schönborn, den Vorschlag gemacht, daß eine Synode von je zwölf Vertretern der katholischen und evangelischen Kirche in Beratung über ein Zusammenkommen der beiden Kirchen treten sollte. Der Papst sollte sich außerdem mit Räten aus beiden Konfessionen umgeben. Ein selten rühriger Anwalt dieses Vorschlages wurde durch Jahrzehnte hindurch der spanische Bischof und Franziskanergeneral de Spinola, der landauf und landab reiste und bei den Fürstenhöfen vorsprach. Eine kaiserliche Vollmacht und die Zustimmung des Papstes gaben seinen Besuchen ein besonderes Gewicht. Bei den Verhandlungen machte de Spinola Zugeständnisse, die die Erwartungen des kühnsten Optimisten auf diesem Gebiet übersteigen konnten. Es war dabei auch die Rede, daß die Beschlüsse des Konzils zu Trient aufgehoben werden könnten. Das Konzil, das von 1545 bis 1563 in Trient mit Unterbrechungen tagte, hatte endgültig den Bruch zwischen der evangelischen und katholischen Christenheit bestätigt. Spinola hatte in den Verhandlungen unterfließen lassen, daß den evangelischen Pfarrern die Ehe gestattet werden könne. Ebenso sei auch über die Anerkennung der Abendmahlslehre durch Rom zu reden. Nur gehörte zu alledem auch *eine* Bedingung „-wenn der Vorrang des Papstes als eine menschliche Ordnung anerkannt werde, die in der Geschichte geworden ist." Das wollte heißen, daß diese Form der Anerkennung des Vorranges des Papstes nicht mehr als Glaubensgrundlage aufzufassen ist.
In Gießen war der Generation der Gründer der Universität inzwischen eine neue Generation gefolgt. Als der Landgräfin Elisabeth Dorothea, die von 1678 bis 1688 die Regierungsgeschäfte für ihren noch nicht volljährigen Sohn führte, der Besuch von de Spinola angekündigt wurde, schrieb sie an eine Reihe von Fürstenhöfen und warnte vor diesem Schritt „daß man nicht etwa in Verfänglichkeiten und verderblichen Zwiespalt unvermerkt eingeleitet werden möge." - Sie wandte sich auch an die Theologen ihrer Universität Gießen, in deren Antwortbrief es u.a. hieß: „ - denn alles, was Spinola den Protestanten zusage, hätten dieselben bereits nach göttlichem Recht. Wollten sich nun die Protestanten, das, was sie bereits besäßen, vom Papst nochmals schenken lassen, so würden sich ja dieselben ihrer göttlichen Rechte begeben und eine Schwäche bekunden, welche die

Gegenpartei sicherlich zum Verderben des Protestantismus ausnutzen würde."
Diese Absage aus der Feder der Gießener Theologen machte der Landgräfin Mut, weitere Verhandlungen einzustellen. Spinola reiste nach Rom und nicht nach Darmstadt. Wenn auf katholischer Seite die Redensart umging „Roma locuta, causa finita" (Rom hat gesprochen, die Sache ist erledigt), so konnte man zu dieser Zeit von evangelischer Seite aus sagen: „Gießen hat gesprochen, die Sache ist erledigt." Wir müssen verstehen, wenn zur Beisetzung von Peter Haberkorn ein Wittenberger Professor der Theologie gebeten wurde, der von dem Verstorbenen als dem lumen et columen universitatis sprach (= Licht und tragende Säule der Universität).
Wenn man weiß, daß erst in unseren Tagen auch in der Kapelle auf dem Alten Friedhof wieder zaghafte Schritte mit ökumenischen Gottesdiensten, Einladungen der beiden Konfessionsgemeinden u.ä. unternommen wurden, so berührt es uns doch zutiefst, daß diese Stellungnahme der theologischen Fakultät zu Gießen nicht zuletzt daran schuld ist, daß die Konfessionen in drei Jahrhunderten kaum ins Gespräch gekommen sind.
Abschließend mag auch noch gesagt werden, was uns weniger wehmütig zu stimmen vermag, eher zu einem Lächeln veranlassen kann. Balthasar Mentzer - der Ältere - (verstarb 1627 in Marburg) war mit Winkelmann 1605 nach Gießen gekommen. Er wußte als seinen Nachfolger keinen besseren vorzuschlagen, als seinen Schwiegersohn Justus Feuerborn. Als die Gießener Fakultät 1650 wieder eröffnet wurde, war er der erste Rector. Feuerborn, wie es scheint, von der Entscheidung seines Schwiegervaters angeregt, faßte jedenfalls den Gedanken, seinen Schwiegersohn wiederum zu seinem Nachfolger zu küren. So war durch über 70 Jahre mit der familiären Kontinuität auch die der Theologie gewahrt. Die Schwiegerväter müssen aber jeweils von einer bedeutsamen Urteilsfähigkeit begnadet gewesen sein; denn die Folge Mentzer -Feuerborn - Haberkorn ist bis heute in ihrer Bedeutung für die Theologie des Protestantismus von Gewicht. Am Hochzeitstag Feuerborn-Mentzer erfolgte zugleich auch die Promotion des Bräutigams. - Dabei hielt Mentzer eine aggressive Ansprache gegen andere theologische Meinungen, so daß Winkelmann von dieser Stunde an für die restlichen zehn Jahre seines Lebens mit der Sippe Mentzer in Fehde lag. So stehen sie sich - wenn auch in Stein gehauen - noch bis heute „gegenüber". Abschließend könnte man sagen: Die Liebe zur Wahrheit hat die lutherische Orthodoxie (Rechtgläubigkeit) in Gießen manchmal die Liebe zum Menschen

vergessen lassen. Es ist müßig, nachträglich zu fragen: Was wäre geworden, wenn....Eins steht fest, eine Sternstunde ging vorüber, ohne daß sie wahrgenommen wurde, wenn die Konfessionen im Gespräch geblieben wären. Auch ein anderes Gespräch wurde in diesen Jahren begonnen, das leider ebenfalls unter keinem Glücksstern stand: das Gespräch mit den Juden. Peter Haberkorn war ein ausgesprochenes Protektionskind des hessischen Landgrafen, von Kind an; denn er war früh verwaist. Er konnte sich in Anbetracht seines Beschützers erlauben, in Leipzig und Straßburg zu studieren. In Marburg schloß er seine Studien ab. Da eine Planstelle nicht frei war, ernannte ihn der Landgraf zum Professor der Physik, dann zum Hofprediger und Superintendenten. Erst mit der Rückkehr nach Gießen konnte ihm eine theologische Professur gegeben werden. Haberkorn war ein solch souveräner Kenner der hebräischen Sprache, daß er den Auftrag bekam, den Juden von Gießen Bekehrungspredigten hebräisch zu halten. Weil die Juden sich von vorne herein weigerten, eine Kirche zu betreten, wurden sie darum in den Rathaussaal geladen. Als der Prediger begann, so heißt es in dem Bericht, machten sie „einen Ufstand". Sie wollten das Rathaus verlassen, aber vor den Türen standen Polizisten, die das verhinderten. „Selbst, wenn man ihnen drei Tage predigen sollte, so wollten sie doch nicht zuhören." Außerdem seien sie einmal gekommen, zum zweiten Mal nicht mehr. Die Unruhe muß derart gewesen sein, daß man auf weitere Predigten verzichtete.

Wir betrachten uns nun noch einige Grabmale und gehen dabei von dem Grabmal *Winkelmann* im Sinne des Uhrzeigers weiter. Es schließt sich eine Gedenktafel für die Gattin und das Kind des Professors der Rechte, Heinrich Christian *Senckenberg,* an. Er war der Neffe des bis in die Gegenwart noch bekannten Stifters der Frankfurter Senckenberg-Gesellschaft mit ihrem einzigartigen Museum. Der Neffe ist in dieser Hinsicht den Spuren seines Onkels gefolgt. Er vermachte der Universität eine für damalige Verhältnisse riesige Bibliothek von 9000 Bänden und stiftete dazu ein Kapital von 10 000 Gulden, dessen Erträgnisse einem Bibliotheksverwalter zukommen sollten. Das bedeutete einen Betrag in der Höhe eines Professorengehaltes für eine nicht allzu anstrengende Nebenbeschäftigung. In seinem Testament hieß es, daß bei gleichwertigen Bewerbern demjenigen der Vorzug gegeben werden sollte, der die bessere Handschrift habe. Senckenberg verstarb 1768 in Wien, wo er auch vom Kaiser geadelt wurde, verbrachte aber auch viele Jahre in Gießen.

Hinter dem Altar ist eine gemalte Bildtafel, die besonders auffällt. Sie

Bild 5. *Gedenktafel für Johann Georg Freiherr von Tschernembl aus Österreich († 1626)*

bringt in Versform ein Gedenken an den oberösterreichischen Freiherrn *von Tschernembl*, der mit seinem Bruder, ein markanter Vertreter des evangelischen Österreichs „ob der Enz", d.h. südlich von Linz an der Donau war. Sein Bruder gehörte dem böhmischen Kriegsrat an, der die Führung des Aufstandes in Prag gegen den Kaiser in Wien leitete. Dies war dann 1618 der Auftakt zum Dreißigjährigen Krieg. Es heißt in dem Text: „ - durch meiner lieben Gemahlin Treu - kam ich an diesen Ort hierbei" - Seine Frau war eine geborene von Rolshausen, deren Familie zu den Burgherren von Staufenberg gehörte, die aber in der Nähe auf Schloß Friedelhausen ihren Sitz hatte. Während der Bruder nach Genf fliehen konnte, geriet Hans -Georg von Tschernembl in Friedelhausen in die Hände der Soldaten des Christian von Braunschweig, die ihn gründlich ausplünderten „darum, daß er dem Kayser gedienet habe - ".

So mußte der eine Bruder nach Genf fliehen, weil er sich an dem Kampf *gegen* den Kaiser beteiligte, während der andere Bruder im wahren Sinn des Wortes bis aufs Hemd ausgeplündert wurde, weil er den Kaiserlichen *gedient* hat.

Im Museum befindet sich die Darstellung einer Edelfrau, die „Deitscherfrau" im Volksmund genannt. Frau *von Berlepsch* hatte ein Vermächtnis hinterlassen, aus dem den Kindern der Stadt jährlich ein Deitscher (= Wasserweck) geschenkt werden sollte. Unter einer Grabplatte vor dem Altar (z.Z. verdeckt) liegt der Obristlieutenant *von Willich* begraben, der nach 44 Soldatenjahren keinen ehrlichen Soldatentod fand. Am Ende des Dreißigjährigen Krieges fochten die feindlichen Vettern in Darmstadt und Kassel ihren Streit um das Erbe aus. Dabei geriet 1646 von Willich auf dem Schloß in Marburg in eine Belagerung, die schließlich zur Kapitulation unter freiem Geleit führte, weil die Munition ausgegangen war. In Gießen wurde von Willich und einem seiner Feldwebel der Prozeß gemacht, und sie wurden zum Tode verurteilt. Die Hinrichtung fand öffentlich auf dem Markt statt. Eine Mutter mit 5 Kindern wurde in Trauer versetzt - ungerechterweise, wie sich bald herausstellte; denn im Kirchenbuch heißt es lateinisch: „Wurde mit großem und ehrenvollem Leichenzug in die Stadtkirche und dann auf den Friedhof gebracht und daselbst in der Friedhofskapelle beerdigt." Dabei wird betont, daß dieses Begräbnis „aus besonderer Gnade des Landesherren, Landgraf Georg von Hessen, gestattet worden, - ".

Noch eine Erinnerung sollte der Besucher der Kapelle mitnehmen: In welcher Weise durch Krankheit und Tod das Leben der Menschen in der „guten, alten Zeit" bedroht war. Johannes Winkelmann verlor, ebenso wie Michael Heiland (rechts vom Altar), drei Ehefrauen. Jeremias Laurentius Mogen hatte 11 Kinder, von denen beim Tod des Vaters noch 6 am Leben waren (rechts von Winkelmann). Ebenso verlor Nicolaus Stipp (links vom Eingang im Anschluß an Haberkorn) 6 Kinder im frühen Kindesalter.

Beim Verlassen der Kapelle lasse man noch einmal den Kruzifixus auf sich wirken. Ist er im Baujahr der Kapelle entstanden, wie allgemein angenommen wird? Dagegen könnte folgender Umstand sprechen: Wenn im Jahre 1840 die Kapelle aufgestockt wurde, so wäre in einer wesentlich niedrigeren Kapelle die Größe des Kreuzes etwas überdimensional. Man könnte die Hypothese aufstellen, daß vielleicht 1807 beim Abbruch der Pankratiuskirche, von der heute nur noch der Turm in der Innenstadt steht, der Kruzifixus in die Kapelle verbracht wurde. Originell ist die auf griechisch, hebräisch und lateinisch angebrachte Inschrift über dem Kreuz: Jesus von Nazareth, der Juden König.

Wenn wir die Kapelle verlassen und uns nach links wenden, so fällt

Bild 6. *Anne Elisabeth Maus geb. Schneider († 1698). Von 5 Söhnen und 2 Töchtern lebten beim Tod der Mutter noch eine Tochter. Vgl. die Kreuze über den Personen.*

ein in barocker Fülle mit viel Zierarten versehener Grabstein auf. Er wurde von dem Professor der Mathematik und Theologie Johann Georg *Liebknecht* zum Gedenken an seine zweite Frau errichtet. Einer seiner Urenkel war der in Gießen geborene Wilhelm Liebknecht. Wegen seiner Teilnahme am badischen Aufstand 1848 mußte er emigrieren, kam in London in die Umgebung von Karl Marx und wurde nach seiner Rückkehr nach Deutschland Gründer der Sozialdemokratischen Partei Deutschlands. Mit August Bebel vertrat er allein die Partei Jahrzehnte im deutschen Reichstag. Sein Sohn Karl wurde der Begründer des Spartakusbundes in den Revolutionstagen 1918. In den folgenden Wirren wurde er nach Gefangennahme willkürlich erschossen.

Bild 7. *Zum Gedächtnis an den Universitätsbuchdrucker Nicolaus Hampel († 1652)*

Der Grabstein daneben führt den Namen des Universitätsdruckers Nicolaus *Hampel*. 1625 zog er mit seinen Brotgebern, den Professoren, nach Marburg und kehrte 1647 wieder mit ihnen nach Gießen zurück, wo er 1652 verstarb. Die Initialen I.D.H. zu Füßen der Frauengestalt erinnern an seinen Sohn Joseph Dietrich Hampel, der seinen Eltern dies Grabmal gewidmet hat. Es ist erstaunlich, welche Leistungen Buchdrucker einst ihren Professoren zu erfüllen in der Lage waren. Schon im 17. Jahrhundert wurde in Gießen ein Neues Testament in griechisch gedruckt, um 1739 war ein Gießener Buch-

Bild 8. *Zum Gedenken an Johann Bast den Nachrichter, d.h. Scharfrichter († 1702)*

drucker so geschult, daß er die Vorlesungen von Professor Rambach mit hebräischen, griechischen und lateinischen Zwischentexten im Druck erscheinen ließ.

Der folgende Grabstein von Johann *Bast* erinnert an einen Berufsstand, der bis in das vorige Jahrhundert hinein in Gießen seines Amtes als „Nachrichter" gewaltet hat. Er war also der Scharfrichter, der zwar sein Amt ausüben sollte, aber doch nicht als ehrbar in dem Sinne galt, daß sein Schwiegersohn in die Zunft der Barbiere oder sein Sohn als Student aufgenommen wurde. Bast wandte sich schließlich deswegen an die ihm als Vertreter der höchsten irdischen Gerechtigkeit erscheinende Person: an den Kaiser in Wien. Er erreichte, daß

sein Schwiegersohn in die Zunft der Barbiere aufgenommen wurde, ebenso, daß sein Sohn Doctor der Medizin werden konnte. Seine Frau war die Tochter eines Scharfrichters in Limburg. Was dieses Amt gefordert hat, davon ein Beispiel. 1726 wurde in Gießen eine Zigeunerbande zum Tod verurteilt und am 14. und 15. November hingerichtet. Es waren insgesamt 26 Personen, darunter 3 Frauen. Es schaudert einen, wenn man die Einzelheiten dieser Hinrichtung liest, bei der die „Zuschauer" sich zu Tausenden eingefunden hatten. Alle diese Grabsteine an den Außenwänden der Kapelle sind, im Gegensatz zu denen in Innern, nicht mehr an der ursprünglichen Stelle. Immerhin ist man wenigstens auf den guten Gedanken gekommen, sie zu erhalten. Sie sind es auch wert.
Die nächsten Steine aus grauem Marmor erinnern an die beiden Professoren, Vater und Sohn, Johann Heinrich *May*. Sie sollten für die nächsten 50 Jahre eine Frömmigkeitsbewegung auslösen, die ihre Wirkung bis in die Gegenwart behalten hat. Vater dieser Bewegung war der Frankfurter Pfarrer Philipp Jacob Spener mit seiner Schrift: „Pia desideria" oder „herzliches Verlangen", die er im Jahre 1675 geschrieben hatte. Kurz danach taucht auch in Gießen der Name „Pietist" für die Anhänger dieser Erneuerungsbewegung in der evangelischen Kirche auf. Mit der Berufung von Johann Heinrich May kam 1688 ein Theologe nach Gießen, der in einer eindrucksvollen Weise Kenner orientalischer Sprachen war. Er war in der Lage, anläßlich der Jahrhundertfeier der Universität im Jahre 1707, seinen Studenten Ansprachen in 7 orientalischen Sprachen aufzusetzen, darunter auch auf äthiopisch. Es ließen sich über Leben, Schicksal, Kampf und Streit von Johann Heinrich May Vater und Sohn wirklich Bände schreiben. Mit einem Kapital von einem Gulden zog der 17jährige Vater auf die Universität Wittenberg und hat sich durch Privatstunden und unter Darben und Hungern außer in Wittenberg in Kopenhagen, Hamburg, Leipzig, Helmstedt und Straßburg seine Kenntnisse erworben. Als Freund von Spener ließ ihn die Landgräfin Elisabeth Dorothea 1688 nach Gießen als Professor der orientalischen Sprachen berufen, dann aber zum ordentlichen Professor der Theologie, Superintendent, Konsistorialassessor, Stipendiatenephorus und Pädagogiarch (= Leiter des Gymnasiums) aufrücken. Diese Ämterhäufung hatte natürlich auch ihre entsprechende Wirkung auf Mays Einnahmen, die ermöglichte ihm aber zugleich auch ein weites Arbeitsfeld in Kirche und Schulwesen, sehr oft zum Leidwesen der aus ihrer Ruhe aufgescheuchten Pfarrer und Lehrer. Zu einer jahrelangen Auseinandersetzung kam es, daß May im Anschluß an einen

Bild 9. „In memoriam": Johann Heinrich May der Ältere, Professor der Theologie. Er war der erste Pietist in der theologischen Fakultät der Universität Giessen. Der Grabstein daneben ist der seines Sohnes, der unverheiratet (ein Wappen) starb. († 1719 † 1732)

Gottesdienst die Schulkinder um 2 Uhr und die Gemeinde um 4 Uhr nachmittags ins Pfarrhaus einlud, um sich im gemeinsamen Gespräch in die Bibel zu vertiefen. Das widersprach allem Brauch und aller Gewohnheit, aber zugleich auch dem, was einem Prediger gestattet war. Es kam zu einer Beschwerde nach Darmstadt, zu einer Untersuchung, zu jahrelangen Querelen, die z.T. dadurch unter die Leute kamen, daß im Nachmittagsgottesdienst von der Kanzel dazu Stellung genommen wurde, was ein anderer am Vormittag gepredigt hatte. Welche Wertschätzung aber May genoß, mag daraus zu ersehen sein, daß er innerhalb eines guten Jahrzehntes Berufungen nach Berlin, Kiel, 2 mal nach Halle und Dorpat bekam, die er alle ablehnte.

Vater May sorgte auf eine uns heute merkwürdig anmutende Weise für die Zukunft seines Sohnes. Die freie Stelle des Professors für die griechischen und orientalischen Sprachen verwaltete er über ein Jahrzehnt und ließ die Arbeit dafür andere tun, bis der Landgraf dem Wunsch von May sr. folgte und dessen Sohn die Professur übergab. Johann Heinrich May jr. war gerade 21 (!) Jahre alt. Bei seinem Tode - er starb unverheiratet, woran uns das einzelne Wappen mit den Maiblumen erinnert - hatte er 41 Schriften herausgegeben, und es fanden sich noch 44 Manuskripte in seinem Nachlaß. May jr. vermachte der Universität eine Bibliothek von 3300 Bänden und außerdem eine Münzsammlung von 435 Münzen, die als Kristallisation für weitere Schenkungen und Erwerbe wirkte, so daß diese Sammlung der Universität trotz mancherlei Verluste noch 3710 Münzen zählt.
Vater May war durch eine zweite Ehe Stiefgroßvater von dem später geadelten Heinrich Christian Senckenberg geworden (vgl. Grabmal seiner Frau in der Kapelle), der dann auch im Hause May großgezogen wurde. May jr. nahm sich dessen in seinen Studentenjahren in jeder Weise an. Durch das Vorbild von May jr. ist wohl Senckenberg zu seinem Vermächtnis an die Universität angeregt worden.
Das Zeitalter des Pietismus an der Universität Gießen wurde durch den Tod eines 42jährigen Professors abgeschlossen, an den der gegenüber den Grabsteinen von May sr. und jr. in die Mauer eingebaute Grabstein des Johann Jacob *Rambach* erinnert. Er war drei Jahre älter als Nicolaus Graf von Zinzendorf, der mit Rambach zur gleichen Zeit Schüler von August Hermann Francke in Halle war. Nur 3 1/2 Jahre des Wirkens waren Rambach in Gießen beschieden, aber wie waren diese Jahre ausgefüllt. Als Rambach zwischen einer Berufung als Hofprediger nach Kopenhagen und als Professor in Gießen zu wählen hatte, entschied er sich für Gießen. May sr. und jr. sowie Rambach waren Leiter (Pädagogiarch) des Gymnasiums und übten einen großen Einfluß auf die Pädagogik der Zeit aus. Rambach schrieb u.a. auch ein Buch über die Art, wie man unterrichten soll, ebenso wie er der Predigtweise neue Impulse zu geben wußte. Er schloß seinen Predigten in den Wochengottesdiensten eine Aussprache an und forderte dazu auf, die Bibel in den Gottesdienst mitzubringen. Johanna Dorothea Rambach war mit Pfarrer Griesbach verheiratet, der über Friedberg nach Frankfurt kam. Dort wurde seine Frau die enge Freundin von Frau Rat Goethe. Rambachs hinterlassene Vorlesungen waren druckreife Manuskripte. Über 100 Kirchenlieder hat Rambach verfaßt, von denen noch eines im Gesangbuch zu finden ist: „Ich bin getauft auf deinen Namen - ". Als Graf Zin-

Bild 10. *Johann Jacob Rambach. Um 1930 war das Bildnis noch so erhalten. Nach nur 4 Jahren Wirksamkeit († 1735)*

zendorf Herrnhut in Sachsen verlassen mußte, fand er auf dem Herrnhaag bei Büdingen eine Bleibe für seine Brüdergemeine. Sein Versuch, mit der theologischen Fakultät in Gießen nach dem Tode von Rambach ins Gespräch zu kommen, erfuhr eine brüske Ablehnung. Das wäre zu Rambachs Lebzeiten bestimmt anders geworden; denn Rambach war ja ein Nachfolger von A.H.Francke in der Leitung des Waisenhauses in Halle geworden, und beide, Zinzendorf wie Rambach, waren im besten Sinne des Wortes Schüler von A.H.Francke gewesen und auch, so kann man sagen, zeitlebens geblieben. Gegenüber einer Frömmigkeit, die für ihre Leistung einen,

Bild 11.

wie sie meint, berechtigten Lohn von Gott fordert, hat Rambach die unmißverständliche Formulierung verfaßt:

> *Herr, es hat noch keiner,*
> *Der zu dir gegangen*
> *Statt der Gnade Recht empfangen.*

In der uns zum Glück aufbewahrten Inschrift auf dem Grabstein -heute ist sie verwittert - war zu lesen: vir immortalis famae - : ein Mann unsterblichen Ruhmes. Auf dem Wege zu dem Grabstein

Bilder 11 und 12. *Unverkennbare Werke des Hofbildhauers I.B. Scholl in Darmstadt*

Rambach steht links ein Grabstein, den dankbare Schüler des Gymnasiums ihrem Lehrer gestiftet haben. Der ausführende Bildhauer I.B.Scholl war als Hofbildhauer u.a. auch an dem Theaterbau und seiner Ausgestaltung in Darmstadt beteiligt. Der gleiche Architekt Moller hatte auch die 1944 zerstörte hiesige Stadtkirche erbaut. Dadurch wird Scholl - Glied einer weit verzweigten Bildhauerfamilie - auch nach Gießen gekommen sein. Alle die aus Heilbronner Sandstein gehauenen Grabsteine gehen auf ihn zurück. Sie sind in einem besonders geprägten Stil der Klassizistik gehalten.

Über 25 Jahre wirkte *Rumpf* am hiesigen Gymnasium - zuletzt als

Pädagogiarch, d.h. als Direktor. Neben seinen wissenschaftlichen Leistungen muß er sich durch eine verständnisvolle Pädagogik ausgezeichnet haben. Im Jahre 1819 kam es zwischen Studenten und Soldaten zu Zusammenstößen. Die Garnison wurde aufgeboten, und die Soldaten erhielten scharfe Patronen und noch schärfere Instruktionen. Die Studenten zogen auf den Gleiberg und ließen die Absicht erkennen, es dort vorläufig auszuhalten. Wir können die Gründe nur ahnen, warum der Rektor sich von dem Leiter des Gymnasiums und a.o. Professor Rumpf auf den Gleiberg zu den Verhandlungen mit den Studenten begleiten ließ. Man kann in Abwandlung von Rumpf sagen: Pädagoge *ist* man, das *wird* man nicht. Als der Rektor die Forderung der Studenten nach Abzug des Militärs als nicht in seiner Macht stehend ablehnte, rief man ihm zu: „Gut denn, dann kommen wir nicht mehr nach Gießen zurück." Der Rektor glaubte wohl eine geistreiche Frage zu stellen, die in die Tiefe des Gewissens der Studenten gehen sollte, als er fragte: „Was wollen Sie denn aber beginnen?" Die Antwort war: „Ei nun, wir werden Schuster und Schneider; das ist auch ein Beruf, der seinen Mann ernährt." Grollend zog der Rektor von dannen: „Nun wohl, probieren Sie's; wir wünschen viel Glück!" Rumpf bewies, daß er für diese Situation der rechte Begleiter des Rektors war; denn im Weggehen rief er flüsternd den Studenten zu: „Meine Herren! Heute nacht sind die Stadttore offen!" Aus dem aus kochendem Zorn geborenen Auszug der Studenten wurde dank der Einstellung von Rumpf eine Nacht- und Nebelaktion der stillen Heimkehr nach Gießen.
Hinter dem Grabstein Rumpf sind in die Mauer zwei Grabsteine eingemauert, die an zwei Tragödien in einem Menschenleben erinnern. Ein Herr von Gailenbach in der hessen-darmstädtischen Herrschaft Itter wollte es seinem Prediger heimzahlen, daß er unmißverständlich von der Kanzel zu dem Stellung genommen hatte, was den Schloßherrn von Vöhl betraf. Pfarrer *Schwarzenau* wurde durch Soldaten abgeholt und bezichtigt, Vater eines Kindes zu sein, das die herbeigeholte Zeugin erwartete. Schwarzenau verließ nach Gewaltandrohungen Itter und bat von Marburg aus um Entlassung aus dem Kirchendienst. Darin sah man in Darmstadt ein Eingeständnis der Schuld und gab dem Gesuch statt. Als die „Mutter" auf dem Sterbebett gestand, daß sie auf Drängen des Grafen von Gailenbach diese falsche Aussage gemacht habe, versuchte der Landgraf, das Pfarrer Schwarzenau angetane Unrecht wiedergutzumachen, aber erst 7 Jahre später nahm Schwarzenau eine Berufung als Professor der Theologie in Gießen an.

Ia Mauer

Bild 13. *Aus Grabmälern war eine Gedenktafel geworden. Name-Titel-Daten genügte. Er war der letzte seines Namens, darum errichteten Freunde diesen Stein.*

Etwas weiter nach links, durch die helle Farbe des Muschelkalksteins zu erkennen, liegt der hessische Kriegsminister und Oberhofmarschall Graf *von Lehrbach* begraben. Sein Vater gehörte zu jenem Kontingent verkaufter Soldaten, die unter englischem Kommando in Amerika kämpften. Der Landgraf von Hessen-Kassel hatte sie auf 6 Jahre vermietet. Der Sohn des Grafen Lehrbach wurde schon mit 4 Jahren Fähnrich und mit zehn Jahren Leutnant. Mit 16 Jahren trat er in den aktiven Dienst ein. Mit 19 Jahren war er mit einem hessischen Kontingent auf dem Marsch nach Spanien. Als Mitglied des Rheinbundes war Darmstadt zur Bereitstellung dieser Truppen unter dem

Ia Mauer

Oberbefehl des Kaisers Napoleon verpflichtet. Damals entstand ein Wort in der Soldatensprache: Guerilla. Gerade auch die hessischen Soldaten haben die Grausamkeit dieser Kriegsführung in Spanien kennenlernen müssen. Vier Jahre hat Graf Lehrbach dort gekämpft, bis er schließlich 1812 in englische Kriegsgefangenschaft geriet. Über Lissabon kamen die Gefangenen nach einer 14tägigen Seereise in England an. Graf Lehrbach - gerüchteweise aufgrund guter Fürsprache -wurde frühzeitig entlassen. Es ist möglich, daß sein Vater der Fürsprecher war, da er auf seinen Kriegsdienst für England in Amerika hinweisen könnte. Nach seiner Rückkehr wurde Graf Lehrbach Flügeladjutant des Großherzogs, dann Oberhofmarschall und schließlich hessischer Kriegsminister, der in der Bekämpfung des badischen Aufstandes 1848 die hessischen Truppen anführte. Kurz nach Beginn des Feldzuges wurde er abgelöst und zog nach Gießen. Beim Betreten des Schießstandes brachte er sich selbst durch einen unvorhergesehenen Schuß eine tödliche Verletzung bei. Das Haus Lehrbach war damit ausgestorben.

Am Ende der Mauer, nach dem kleinen Tor zum Nahrungsberg zu, liegt Obristlieutenant Friedrich *Peppler,* damals der einzige aktive Offizier in Gießen, begraben. Er mußte die Meldung von dem Unglücksfall Lehrbach machen. Durch die erwähnten Streitigkeiten mit den Studenten und Soldaten war Gießen von 1821 bis 1868 die Garnison entzogen worden. Peppler war Oberaufseher des Gefängnisses. Während die hessischen Soldaten in Spanien in englischer Gefangenschaft waren, verbrachte Peppler fast zwei Jahre in russischer Gefangenschaft. Auf dem Rückzug von Moskau, bis zu dem er vorgedrungen war, geriet Peppler in die Hände der Russen. Nur der Umstand, daß er an der Wolga in ein Bauernhaus kam, dessen Hausfrau aus Oberhessen stammte, rettete ihm das Leben. Trotz ordnungsgemäßer Entlassung dauerte die Heimreise ein halbes Jahr.

IIIa Mauer

Der ursprüngliche Zugang zum Friedhof ist noch heute an dem zugemauerten Portal nach dem Nahrungsberg erkennbar. In den Bogen ist ein Grabmal der Burgherrenfamilie *von Schwalbach* eingemauert. In Gießen lebten durch Jahrhunderte die Familien der Burgherren in Häusern, die in die Stadtmauer eingebaut waren. Das erneuerte sogenannte Leibsche Haus (hinter dem Stadtkirchturm) ist in der Mitte des 14. Jahrhunderts entstanden, das daran anschließende Haus gehörte der Familie von Schwalbach. An dem Schwalbachschen Grabstein ist der Kranz der Wappenschilder zu beachten. Es war Brauch, auf den Grabsteinen die adlige Herkunft in 4 Generationen durch Wappenschild und Namen unter Beweis zu stellen. Etwas

II Mitte oberhalb, auf der Grünfläche, stehen 3 Grabsteine, die an die Familien *von Nagel* und *von Wrede* erinnern. General von Nagel stand durch 3 Jahrzehnte fast ständig im Feld. Zuerst war er mit Graf Lehrbach dem Älteren mit den Truppen des Landgrafen von Hessen-Kassel unter englischem Oberbefehl in Amerika, um vergebens die Gründung der Vereinigten Staaten von Amerika zu verhindern. Bei der Rückkehr nach Kassel gab es anscheinend überzählige Offiziere, so daß von Nagel und Graf von Lehrbach in die Dienste des Landgrafen übertraten, der im Zuge der durch die französischen Revolutionsarmeen begonnenen Feldzüge seine Truppen verstärkte. Von Nagel - inzwischen Kapitän - nahm an der Belagerung von Mainz, das durch französische Truppen gehalten wurde, im Sommer 1792 teil. 1793-1795 stand er in Holland im Kampf gegen die Franzosen, ebenso 1796/97 in Kroatien. England hatte mit dem Landgrafen Ludwig X. von Hessen-Darmstadt einen Subsidienvertrag, d.h. einen Vertrag, in dem er sich verpflichtete, Soldaten gegen Bezahlung zu stellen, geschlossen, wobei es sich nur um „Freiwillige" handeln sollte. Inzwischen hatte sich die Konstellation geändert, Hessen-Darmstadt kämpfte nicht mehr gegen, sondern mit Napoleon. General von Nagel kämpfte im Mai 1809 unter Napoleon gegen Österreich. Er erlebte sogar, daß Napoleon die hessischen Truppen besichtigte und sich in allen Einzelheiten bei General von Nagel über die Organisation und Bewaffnung erkundigte. Nach Beendigung dieses Feldzuges wird von Nagel wohl mit dem Orden der Ehrenlegion ausgezeichnet worden sein, wovon sein Grabstein kündet; denn 1812 zu Beginn der Vorbereitungen zum Rußlandfeldzug wurde er in den Wartestand versetzt. Als von Nagel, als der rangältste Offizier, im November 1813 den in Gießen einmarschierenden Marschall Blücher begrüßen mußte, soll er es - einer mündlichen Überlieferung zufolge - doch nicht gewagt haben, den Marschall Vorwärts, den glühenden Hasser Napoleons, mit dem Orden der Ehrenlegion geschmückt, zu begrüßen. Als von Nagel 1832 starb, hatten sich die Zeiten wieder etwas geändert, und die Angehörigen ließen auf dem Grabstein vermerken, daß von Nagel Ritter der Ehrenlegion gewesen war.

Es ist schwierig und vielleicht für den Besucher oder auch den Leser ein zu umfangreicher Weg, nun all die Gräber zu beschreiben und zu besuchen, wo Männer von Rang und Namen begraben liegen.

Gießen hatte neben den klassischen Fakultäten der Theologen, Juristen, Mediziner und den schon immer breit gefächerten Philosophen noch eine Reihe von Einrichtungen und Instituten, die an an-

deren Universitäten nicht vertreten waren.
Seit dem Ende des 18. Jahrhunderts bestand die Möglichkeit, Kameral (= Verwaltungswissenschaft) zu studieren. 1831 wurde ein Forstinstitut gegründet, aus der dann eine Forstlehranstalt hervorging, die zu einem Teil der Universität wurde. Dies war erstmalig in der Geschichte der deutschen Universitäten geschehen. In den gleichen Jahren wurde der Anfang mit dem Studium der Veterinärmedizin gemacht, ebenso bekam die Universität eine landwirtschaftliche Fakultät.
3 Lehrer sind auf dem Gebiet der Forstwissenschaften für alle Zeiten bahnbrechend geworden. Alle drei liegen auf dem Alten Friedhof begraben. Gustav *Heyers* Grab liegt gegenüber dem des Obristlieutenant Peppler, Christian *Hundeshagen* ist längs der Mauer links oberhalb begraben und Richard *Hess* oben an dem Weg längs der Ostmauer. Es sei nicht verschwiegen, daß die wissenschaftlichen Auffassungen von Hundeshagen und Gustav Heyer so gegensätzlich waren, daß Heyer vorläufig wieder in die Praxis des Forstberufes zurückkehrte. Als Heyer die Absicht äußerte, 1200 Morgen Ödland aufzuforsten, hielt dies sein Kollege Hundeshagen für so überflüssig, daß er sich äußerte, man solle Heyer samt Forstbehörde unter Kuratel stellen. Heyer führte aber seine Pläne in 5 Jahren aus und führte eine Reihe von bis dahin unüblichen Methoden in der Praxis durch. Dazu gehörte z.B., daß in Pflanzgärten der Nachwuchs für die Wälder herangezogen wurde, bis hin zu dem, daß man ein eigens konstruiertes Pflanzholz dazu benutzte. Heyer kehrte nach dem Tod seines Kollegen Hundeshagen wieder nach Gießen zurück und bekam seinen Sohn, dessen Denkmal links vom Eingang des Friedhofs von der Licher Straße steht, zum Kollegen. Heyer sr. wirkte von 1825 bis 1856, Heyer jr. von 1849 bis 1868, wo er nach München berufen wurde. Hundeshagen wirkte von 1821 bis 1834. In einer Festansprache zur Jahrhundertfeier hieß es von diesen Jahren: „- war die Blütezeit, die klassische Zeit des Gießener Forstinstitutes und hat seinen Ruhm für immer unauslöschlich in die Geschichte der Forstwissenschaft eingetragen."
Was in aller Kürze „Forstwirtschaft" genannt wird, d.h. die Auswahl der Baumarten sowie auch deren Mischung, die Vorberechnung des finanziellen Ertrages, das hat einmal seinen Rang und Namen in der weiten Welt von den Erkenntnissen d.h. Forschungen und Lehren Gießener Professoren der Forstwirtschaft bekommen. *Richard Heß* hat durch 40 Jahre die Geschicke der Forstwissenschaft in Gießen geleitet. Auf sein Wirken geht u.a. die Gründung einer

IIIa

IXd

XVIc   Mauer

forstlichen Versuchsanstalt zurück. Eine Unzahl von forstwirtschaftlichen Arbeiten wurde durch ihn initiiert, wodurch auch eine große Reihe von Forstwirtschaftlern ihre Laufbahn in Gießen begannen und die Gießener Forstlehre als akademische Lehrer weitergaben.

Am gleichen Weg an der östlichen Mauer entlang liegt das Grab von *Heinrich Karl Hoffmann,* der als „Blumenhoffmann" in die Geschichte der Botanik eingegangen ist. Er hatte Medizin studiert und war vom Privatdozenten für Medizin und praktischem Arzt zum Professor für Botanik aufgestiegen. Er entwickelte in Gießen erstmalig die Phänologie, d.h. die Wissenschaft von den Beziehungen zwischen dem Verlauf der Witterung und der Entwicklung oder dem Verhalten von Organismen im Jahreslauf. Dazu gehört auch, die Ankunfts- und Wegflugzeit der Zugvögel zu beobachten. Es geschah erstmalig in der Geschichte der Wissenschaft, daß all diese Daten durch Jahrzehnte systematisch notiert wurden. Hoffmann hatte im Jahre 1866 eine viel beachtete Rektoratsrede gehalten, in der er sich in bissigen Worten über die Ministerialbürokratie äußerte, die dem Wissenschaftler das Leben schwer machte. Hoffmann sprach davon, daß zu Beginn seiner Studentenzeit (1837) die Universität angefangen habe, „sich aus tiefster Kümmernis emporzuarbeiten". Bahnbrechend waren auch die Forschungen von Hoffmann auf dem Gebiet der Bakteriologie und der damit zusammenhängenden Asepsis.

Wenn der Baumbestand auf dem Alten Friedhof so vielgestaltig ist, so wird das auch seine Ursache darin haben, daß im Forstgarten längs der Straße nach Hausen am Fuß des Schiffenbergs ein Pflanzgarten für in- und ausländische Baumarten zur Verfügung stand.

Kommen wir vom Haupteingang (Licher Straße), so fällt am Ende des Weges rechts ein mächtiger Steinblock mit eingelassenen Inschriftentafeln auf. Sie erinnern uns an den Vater von A.W.*Hofmann,* dessen Entdeckungen der modernen Industriegesellschaft ihr Gepräge gegeben haben. Hofmann, der später geadelt wurde, war ein Schüler von Liebig und wurde im Alter von 27 Jahren als Leiter der Royal College of Chemistry nach London berufen. Dort sollte sein Schüler Perkin aus Leichtöl, d.h. Anilin, künstliches Chinin destillieren. Übrig blieb eine dunkle Flüssigkeit, die auf alle Fälle kein Chinin war. Anläßlich der Internationalen Ausstellung in London im Jahre 1862 stellt Hofmann zum erstenmal seine *künstliche Farbe* aus und schreibt in dem Führer zur Ausstellung: „ - Wir sind daher berechtigt, der Erzeugung von Farbstoffen aus Steinkohlenteer eine Stellung - anzuweisen, die ihre Aufgabe darin findet und ihre Trium-

Bild 14. *Bei der Zusammenarbeit am Gailschen Grabmal werden sich Hugo von Ritgen und Friedrich Küsthardt kennen und schätzen gelernt haben. Küsthardt übernimmt darum auch den Auftrag, das Bildnis des berühmten Restaurators für den Grabstein zu gestalten.*

phe darin sucht, die Grundlagen von Wohlstand und Wohlbefinden, früher das Vorrecht der Wenigen, den Vielen zugänglich zu machen." Bald danach wurde Hofmann auf den Lehrstuhl der Chemie nach Berlin berufen und wurde zum Anreger der deutschen chemischen Industrie in Ludwigshafen, Höchst bei Frankfurt a.M. und in Leverkusen. 50 Jahre später liefert Deutschland fast 75% aller künstlichen Farben, die in der ganzen Welt gebraucht werden.

Ein Grabfeld weiter oben befindet sich eine Gräbergruppe, auf deren Grabsteinen wir die Namen *Ritgen* und *Wilbrand* lesen. In seinen Lebenserinnerungen spricht der Zoologe Karl Vogt, selbst ein Gießener Professorensohn, von einer westfälischen Clique der Professoren. Damit hatte es seine besondere Bewandtnis. Im Zuge der

VIc Bereinigung der Landkarte in der Napoleonischen Zeit kam für kurze Zeit auch das Herzogtum Westfalen zu Hessen. Damit kam eine rein katholische Provinz zu dem bis dahin fast rein evangelischen Hessen. Das hinderte den vom Landgrafen zum Großherzog beförderten Ludwig in Darmstadt nicht, qualifizierte Wissenschaftler aus seiner neueren Provinz nach Gießen zu berufen. Zu diesen gehörten die beiden Mediziner Ferdinand August Maria Franz Ritgen, der später ob seiner Verdienste als Gynäkologe geadelt wurde und dessen Schwager Johann Bernhard Wilbrand. Beide erlagen einer menschlichen Tragik, die den Wissenschaftler aller Zeiten überkommen kann, ohne daß man ihn deswegen schuldig sprechen darf. Beide hatten als wissenschaftliche Fortschrittler ihre akademische Laufbahn begonnen - 27 und 28 Jahre alt -, um, am Abend ihres Lebens fast völlig wissenschaftlich überrundet, schließlich den Studenten zu komischen Figuren zu werden.

Was wollte es im Jahre 1837 heißen, ein Buch zu schreiben: „Leitfaden für die Erkenntnis und Behandlung der Persönlichkeitserkrankungen". Aber was hatte sich auf dem Felde der medizinischen Wissenschaften zwischen 1814, dem Jahr der Berufung von Ritgen nach Gießen, und seinem Todesjahr 1867 ereignet!

Aufgrund einer Stiftung, die der Landgraf schon seit Jahrzehnten gemacht hatte, konnte endlich in den Jahren 1811 - 1813 ein Accoucheurhaus = Entbindungsanstalt gebaut werden, in der erstmalig in Gießen Studenten und Hebammen in der Geburtshilfe ausgebildet wurden. Daneben las Ritgen über Chirurgie, Polizeimedizin und Psychiatrie. 1828 (!) kündigte er eine Vorlesung über Entwicklungsgeschichte an. Es war Ritgen, der die Genialität von Liebig erkannt haben muß; denn er ermunterte Liebig sofort nach seinem Dienstantritt im 21. Lebensjahr, eine Vorlesung „Über pharmazeutische Chemie" zu halten. Bewegend, wie Liebig rückblickend an Ritgen schreibt: „Sie werden mich fragen, woher ich die enorme Summe für meine Einrichtungen und meine Verwendungen nahm -. Ich will es Ihnen sagen, dieses Geld wurde geborgt."

1808 war der Schwager J.B.Wilbrand nach Gießen berufen worden und gab wohl den Anlaß, daß sich Ritgen in Gießen zur Promotion meldete. Nach Fertigstellung der Entbindungsanstalt wird Wilbrand wohl auch den Namen seines Schwagers bei der Stellenbesetzung genannt haben. Literarisch war er von einer uns heute unfaßbaren Produktivität. Auf dem Titelblatt einer seiner Bücher nennt sich Wilbrand: Doctor der Arzneikunde, Wundarzneikunde, Geburtshilfe und Philosophie, ordentlicher öffentlicher Lehrer der Anatomie,

Bild 15. *Der Professor für Medizin J. B. Wilbrand ließ diesen Grabstein für seine im Alter von 25 Jahren verstorbene Gattin setzen. Welche Kräfte vermag ein Samenkorn aufzubringen!*

Physiologie und Naturgeschichte und Aufseher des Botanischen Gartens.

Die unvergeßliche Erinnerung seines Lebens war der Briefwechsel mit Goethe, dem er sein Buch „Das Gesetz des polaren Verhaltens in der Natur" hatte zukommen lassen. Es ist das Verdienst von Wilbrand, daß er in diesem Werk schrieb: „Unstreitig hat zuerst Goethe über den Prozeß der Vegetation eine einfache und klare Ansicht verbreitet, als er dieselbe als das Resultat eines Wechselspieles zwischen Ausdehnung und Zusammenziehung darstellte." Für die Naturwissenschaftler seiner Zeit waren die naturwissenschaftlichen Lehren von Goethe kurz gesagt: nicht ernst zu nehmen. Die Nachwelt war darüber anderer Meinung, und Wilbrand hat den Anfang gemacht.

Dicht an der Südseite der Kapelle wurde ein mächtiger Sandsteinwürfel von dem Wurzelwerk einer Birke gehoben: Hier ist das Grab seiner Frau, die im Alter von 25 Jahren verstarb. Was sich ein Wissenschaftler damals noch leisten konnte, mag wiederum aus den Erinnerungen von Karl Vogt zu entnehmen sein. Wilbrand lehnte den Kreislauf des Blutes ab. Folgenden Satz hat K.Vogt noch im Kolleg gehört: „Sauerstoff ist ja kein Stoff! Ich kann ihn nicht sehen. Das ist nur eine Erscheinung." Wilbrand ist in die literarische Unsterblichkeit eingegangen, indem ihn Georg Büchner, der bei ihm gehört hatte, als den an dem armen, getretenen Woyzeck experimentierenden Doctor schildert. Das Subjekt Woyzeck ist ihm ein „interessanter Kasus". Zu dieser westfälischen Clique gehörte auch der Kanzler Arens, der in einer unerbittlichen Mannestreue die „Karlsbader Beschlüsse" in der Überprüfung der Gesinnung der Studenten durchführte.

Der Voreingenommene könnte wiederum von Sippenwirtschaft reden, wenn er hört, daß der Sohn Ritgen auch Professor in Gießen wurde. Ursprünglich wollte Hugo von Ritgen den wissenschaftlichen Spuren seines Vaters folgen und begann das Studium der Medizin. Er studierte aber dann in Darmstadt Architektur. Nach seiner Promotion in Gießen zum Dr.phil. erhielt er einen Lehrauftrag für darstellende Geometrie und Situationszeichnen, um dann über den a.o. Professor der Baukunst schließlich die ordentliche Professur der Kunstwissenschaft zu bekommen. Das dauerte damals immerhin 40 Jahre, bis es so weit war. Von Ritgen befaßte sich besonders mit dem Problem der Renovierung historischer Bauten und bekam so einen einzigartigen Auftrag, der ihm Weltruhm einbrachte und ihn von 1838 bis 1889 beschäftigte. Dr.S.Asche, der die Renovierung der Wartburg von 1952 bis 1960 leitete, beurteilt die Arbeit von Ritgen so: „- so entwickelte sich das Werk Ritgens dennoch, so zurückhaltend es zunächst erschien, weitab von dem, was die Denkmalpflege heute vielleicht sein könnte." Unter diesem Gesichtspunkt muß man froh sein, daß die Art der Renovierung der Staufenburg (10 km nördlich von Gießen) nicht auch, wie es von Ritgen beabsichtigt war, auf die Burg der Staufer in Münzenberg übertragen wurde. Die Gelder dazu fehlten. Aber die Gießener haben es von Ritgen zu verdanken, daß der Gleiberg erhalten blieb. Die Planungen dazu stammen von Ritgen, und eine erstaunlich aktive Bürgerinitiative hatte er dazu als Helfer. Nicht zuletzt darf dem Betreiben von Hugo von Ritgen die Gründung des „Germanischen Nationalmuseum" in Nürnberg zugeschrieben werden.

Wer also in diesem Fall von einer Protektion im negativen Sinn reden will, dem sei entgegengehalten, daß echte Protektion darin besteht, den rechten Mann an den rechten Platz zu bringen. Als die Professur für Baukunst von Gießen nach Darmstadt an die neue Technische Hochschule verlegt werden sollte, bat von Ritgen, in Gießen bleiben zu dürfen. Auf Veranlassung des Großherzogs wurde dieser Wunsch genau nach Vorschrift von der Ministerialbürokra-

tie erfüllt. Die Universität Gießen bekam einen Lehrstuhl für Kunstwissenschaft, und von Ritgen bekam ihn übertragen.
Hinter dieser Gräbergruppe liegt das Grab des Professors der Medizin G.F.W.*Balser*, der aufgrund einer Stiftung der Gräfin Görlitz die noch heute bestehende „Balserische Stiftung" als Klinik übernahm. Nachfolger wurde der Professor Dr. Alexander *Winther*, dessen Grab etwas weiter unterhalb liegt. Gegenüber der Gräbergruppe der Familien Ritgen und Wilbrand liegt etwas einwärts ein kleiner Grabstein, der an den Professor der Medizin Wilhelm *Nebel* erinnert. Er wurde 1772 in Gießen geboren, wo er auch 1854 verstorben ist. Sein Studium verbrachte Nebel nach einer Unterbrechung von 2 Semestern in Jena ebenfalls in Gießen. 1794 wurde er zum Doctor der Medizin promoviert. Er erlebte, daß die Fakultät 50 Jahre später das Diplom erneuerte. In einem Gedicht, das Professor Ritgen zum Verfasser hatte, hieß es bei der Nachfeier:

IIIc

VIa

Ja der, ja der, der hat auch keinen Feind
Und wer ihn lang gekannt, der ist ihm Freund!

4 Jahre später konnte Nebel das seltene Fest begehen, seit 50 Jahren zum Lehrkörper der Universität zu gehören. Schon mit 32 Jahren schrieb er in einer weisen Selbstbescheidung in sein Tagebuch: „Um groß zu werden und zu glänzen, habe ich die Talente nicht." Immerhin verdankt ihm die Universität den Beginn eines Studiums der Veterinärmedizin. Zwei seiner zahlreichen medizinischen, biographischen und historischen Veröffentlichungen seien ihm unvergessen. „Tierarzneikunde von Anfang bis zum Zeitalter Karl V." und seine für die damalige Zeit geradezu progressive Habilitationsschrift: Eine vergleichende Pathologie der Krankheiten von Tieren und Menschen. Beide Arbeiten sind lateinisch geschrieben. Eine köstliche Hinterlassenschaft ist sein Anekdotenbuch „Seria Jocosa", wo er 533 Erzählungen zusammengetragen hat, meist aus der Welt der Universität, die uns zusammen mit den von seinem Sohn niedergeschriebenen Lebenserinnerungen einen Einblick in die Welt von Gießen vor 150 Jahren geben.
Zu den in den letzten Jahren leider abgeräumten Gräbern gehört das des ersten Veterinärmediziners, Professor *Vix*. Er mußte als Wissenschaftler einen dornenvollen Weg gehen. Trotz aller Schwierigkeiten - u.a. verweigerte man ihm die Anerkennung seiner Leistungen durch Übertragung einer ordentlichen Professur -blieb er seiner einmal getroffenen wissenschaftlichen Entscheidung treu. Seine Nach-

Bild 16. *Katharina Wolff von Todenwarth, geb. von Beeck.* Zum Gedächtnis hat der Ehemann ein Vermächtnis bestimmt, das heute noch an ihrem Sterbetag, dem 10. Juni ausbezahlt wird († 1635).

XVIIb Mauer folger Eichbaum und Pflug konnten dann in den Jahren zwischen 1870 und 1900 für eine Veterinärmedizinische Fakultät die Errichtung eigener Institute in der Frankfurter Straße erreichen, wo heute noch die Fakultät zu Hause ist. Das Grab von *Eichbaum* liegt an der Mauer nach dem Ausgang zum Lutherberg zu, das von *Pflug*, wenn
XVIc man den oberen Weg rechts abbiegt, auf der rechten Seite.

Gräber geben Anlaß, einmal von den zahlreichen Stiftungen zu schreiben, die im Laufe von Jahrhunderten in Gießen gemacht wurden. An die älteste dieser Art erinnert eines der Grabhäuser, das am Ostgiebel dicht bei der Kapelle steht. Während der Kanzler Wolf von Todenwarth 1635 zu Verhandlungen in Prag weilte, erlag seine
Ic Ehefrau Katharina, geb. von Beek, der Pest (s.o.). Zu ihrem Gedenken errichtete der Witwer eine Stiftung mit der Auflage, daß zur Todesstunde der Frau und an ihrem Todestag die Erträgnisse der Stif-

tung ausgezahlt werden. Er vermachte 25 Morgen Wiesen „hinter der Eich". Bürgermeister und Rat verpflichten sich: „- daß nichts aber auch nichts - keine heeresmacht, hagel, brand, krieg, raub, niederlag, ungewitter, wasserfluth, aufruhr, feindschaft, gebott, verbott - an der baaren und gewissen jährlichen Erlegung hindern würde." In dem sorgfältig mit allen juristischen Vorbehalten ausgearbeiteten Testament hat der Kanzler ein Wort vergessen: Inflation; denn die 50 Gulden und 7 Goldgulden sind heute kaum 200 Mark wert, womit der Stifter Hausarme bedenken wollte. Aber noch heute wird in den Kirchen von Gießen dieses Vermächtnis an Himmelfahrt abgekündigt und entsprechend den Bestimmungen ausgezahlt.
Es ist eine bemerkenswerte Leistung, daß in einer Kleinstadt neben dem Balsērischen Stift noch zwei weitere Krankenhäuser, es sind dies das Evangelische und das Katholische Schwesternhaus, ebenfalls der privaten Initiative der Bürger ihre Entstehung und auch jahrzehntelang die Unterhaltung verdanken, obwohl umfangreiche Universitätskliniken bestanden. Ebenso gab es allein vor 1914 gegen 40 Vermächtnisse, deren Erträgnisse irgendwelchen sozialen Zwecken zukommen sollten. Die Bürger haben das Andenken der Stifter dadurch geehrt und in Erinnerung gehalten, daß sie Straßen nach den Stiftern benannt haben. Wolfstraße, Wilsonstraße, Ebelstraße, Löberstraße, Plockstraße, Lonystraße, Senckenbergstraße, Georg-Philipp-Gail-Straße, Bückingstraße u.a.m. haben davon ihre Namen bekommen.
Manches Gießener Bürgerkind konnte auch darum studieren, weil es Stipendien gab. Kurz nach 1900 wurde in Gießen erstmalig der 1000. Student begrüßt. Für die Studenten gab es über 100 Stipendien, wobei schon damals die Voraussetzung galt, bedürftig *und* würdig.
Das Stichwort „Student" weist uns auf Grabsteine hin, die daran erinnern, daß auch Studenten in Gießen verstorben sind. Besonders auffällig ist das Doppelgrab am Eingang, das an den Tod zweier Studenten erinnert, die am gleichen Tag verstorben sind. Immer wieder erhält sich das Gerücht, sie seien Opfer eines Pistolenduells geworden. Mir ist die andere Erzählung bekannt, daß diese Studenten in *einem* Haus gewohnt haben und der eine sich bei der Krankenpflege des anderen an der Cholera infiziert habe. Drei Grabsteine für Studenten stammen aus den Jahren 1673, 1764 und 1679. Sie stehen an der Außenwand der Kapelle und an der Mauer. Die Herkunft der Studenten erinnert daran, welche Anziehungskraft die Universität Gießen am Ende des 17. Jahrhunderts besaß. Sie kamen aus Hamburg und Lübeck.

Bild 17. *Aus der Kleidung ist zu schließen, daß es sich um ein Ehepaar aus dem Adel handelt. Die Originale befinden sich im Burgmannenhaus. (16. Jahrhundert)*

Wenn wir den Friedhof durch das große Tor nach der Licher Straße verlassen, fällt unser Blick auf zwei Gestalten, die rechts und links in die Mauer eingelassen sind. Nach der Kleidung zu schließen, handelt es sich um ein Ehepaar aus ritterlichem Geschlecht. Es dürfte sich um ein Werk handeln, das aus der zweiten Hälfte des 16. Jahrhunderts stammt. Allem Anschein nach waren die beiden Bilder ursprünglich in einem Gesamtaufbau über einem Grab.

Schade, daß der danebenstehende Grabstein, der eine ritterliche Figur in Lebensgröße darstellt, so vom Verfall betroffen ist. Es erin-

Bild 18. *Obrist Ludwig Melchior Langsdorff († 1732)*

nert an den 1723 verstorbenen Oberst von *Langsdorff*. In den Niederlanden kämpfte er gegen die Franzosen, in Griechenland für Venedig gegen die Türken. Seinen Ruhestand verbrachte er auf dem Ruheposten eines Vizekommandanten der Festung Gießen im Range eines Regierungsrates und Professor juris, was wohl die Rangordnung bei Hofe angeben soll; denn im Verzeichnis der Professoren wird er nicht genannt.

Bild 19. *Der älteste Grabstein. Datiert 1551. „Freitag nach Invocavit starb Jost Becker dem got gnade. „Ein sogenanntes Scheibenkreuz. „dem got gnade" ein häufig auf Grabsteinen wiederkehrende Formulierung. Befindet sich im Burgmannenhaus.*

An dem Ostgiebel der Kapelle erinnert ein Grabstein an den Posthalter und Gastwirt Barthold *Thom,* der 1688 verstarb. Symbole und Verse geben in einer schlichten, aber beeindruckenden Weise ein Glaubensbekenntnis ab. Zwei Gerippe flankieren die Tafel, darüber ein Wanderer und der Tote auf einer Bahre. Die Verse lauten:

> *Ich gehe auf die Herberg zu,*
> *Allwo ich finde gute Ruh.*
> *Ich, der ich manchen Gast*
> *Nahm in die Herberg ein*
> *Und ließ nach Standsgebühr*
> *Denselben wohl tractieren,*
> *Auch, wenn es ihm beliebt,*
> *Zu seiner Ruhe führen,*
> *Kann selbsten nur ein Gast*
> *In meiner Herberg sein.*
> *Ich mußt' viel Ungemach*
> *Und Müh' allhier ausstehen,*
> *Nun aber hat mich Gott*
> *Davon gespannet aus*
> *Und in die stolze Ruh*
> *Versetzt in seinem Haus,*
> *Indem er durch den Tod*
> *Mich hieß in's Leben gehen.*

Die Tafel ist gekrönt durch die Darstellung des auferstehenden Christus.

Der Sohn Lorenz trat die Nachfolge als Gastwirt „Zum wilden Mann" an und erlebte einmal in dieser Eigenschaft einen Hauch von Weltgeschichte. Ein Gast wechselte die Pferde und wurde von dem Posthalter Thom mit „Majestät" angeredet. Das rief den Umwillen des Reiters hervor. Es handelte sich um den schwedischen König Karl XII., der im Jahre 1714 nach einem mißglückten Feldzug gegen die Russen schließlich von den Türken in Bessarabien festgehalten wurde. In einem Gewaltritt von 14 Tagen erreichte er das damals schwedische Stralsund. In einem deutschen Gasthaus (Wo?), so weiß die Geschichtsschreibung zu berichten, hinterließ er einen Zettel, auf dem zu lesen stand:

> *Was zagt ihr doch?*
> *Gott und ich leben ja noch!*

Bild 20. *Der Kanzler Justus Sinold genannt Schütz hat dem Landgrafen Georg II „beim Kaiser, Königen, Kurfürsten und Fürsten" gedient. Er hat auch 1648 bei den Friedensverhandlungen in Münster und Osnabrück die Wiedereröffnung der Universität Gießen bewirkt, deren 1. Kanzler er wurde.*

Die Grabtafel daneben erinnert uns an einen tragischen Unglücksfall im Jahre 1663. Bei einem Feuerwerk verunglückte tödlich der Zeughauptmann Eberhard *Stroh* sowie sein Sohn, der Student der Mathematik und Fähnrich der Artillerie war, und ein Soldat.

An der Südseite der Kapelle erinnern uns zwei Grabsteine an die Gewohnheit, daß der Name eines Akademikers latinisiert wurde. Dies geschah entweder in der Form, daß man dem Namen eine lateinische Endung anfügte, wie hier. Aus dem Nitsch wurde ein Nitschius und aus dem Herz (vgl. Wappen) ein Hertius. Die andere Form war die,

den Namen ins Lateinische zu übersetzen. Das war besonders bei Namen üblich, die einen Beruf bezeichneten. Aus Schneider wurde Sartorius, aus Schmidt Faber usw.
Nitschius wurde in Sachsen geboren, studierte in Jena und Leipzig Mathematik und Theologie, um schließlich zur Rechtswissenschaft überzuwechseln. Als Magister hielt er in Leipzig mathematische und astronomische Vorlesungen, 1668 wurde er als Professor der Mathematik nach Gießen berufen, wo er zum Dr. jur. promovierte, wurde er 1674 ordentlicher Professor der Rechtswissenschaften. Erstmalig liest er über Mechanik und Anlage von Befestigungen und vergibt eine Doktorarbeit: De motu maris (Über Meeresbewegungen). Er scheint also zeitlebens zwei Wissenschaften treugeblieben zu sein, wenn auch die Rechtswissenschaften überwogen.
Von Johann Nicolaus *Hertius* heißt es - „einer der bedeutendsten Rechtsgelehrten des 17. Jahrhunderts". Leibniz gehörte zu seinen Bewunderern. Der König von Frankreich, Ludwig XIV. bot ihm eine Professur in Straßburg an, ebenso der König von Schweden und der von Preußen, wie auch der Kurfürst von Sachsen. In einer Bibliographie finden sich 83 Schriften, übrigens alle lateinisch. In einer Reihe von Promotionen hat er seine Promovenden einer besonderen Liebhaberei in seiner juristischer Wissenschaft nachgehen lassen. Er hatte gegen 200 Sprichwörter juristischer Bedeutung gesammelt. Wie konnte es anderes sein: Der Bruder Johann Christoph war ordentlicher Professor der Medizin in Gießen und an 4 Höfen Leibarzt, nämlich beim Kurfürst in Mainz, beim Fürstabt in Fulda sowie bei den Landgrafen in Kassel und Darmstadt. Die Poeten für die sogenannten Leichengedichte waren nicht immer auf der Höhe der Klassiker. So heißt es anläßlich des Todes von Johann Nicolaus Hertius in einem solchen Gedicht:

So hast Du, theurer Mann zu vielen Malen
den Königen auf Erden dich versagt;
Wann aber gott zum letzten Male fragt
(Die Welt pflegt nur mit Undank zu belohnen):
Willst du, mein Hert, hier ist die Vocation,
Ich mache dich zum Himmels-Professoren?
So nimmst du das zu Herzen und zu Ohren,
So heißt es ja! und willt auch gleich davon.

Hiermit sei die Besprechung der Gräber aus dem 17. und 18. Jahrhundert - ohne den Anspruch auf Vollständigkeit zu erheben - abge-

Bild 21. *Wandel der Zeiten: Um 1550 die Grabinschrift: Christus ist mein Leben und Sterben mein Gewinn*

Bild 22. *1820: Ein Zitat aus „Schillers Glocke" „Ach die Gattin ist's die Theure. Ach es ist die treue Mutter".*

Bild 23. *Eine aussageträchtige Darstellung, die nach 300 Jahren den Beschauer immer wieder zu Betrachtungen anzuregen vermag (Abguss. Original im Oberh. Museum)*

Bild 24. *Man achte auf das linke Wappen: „— im 61. Jahr (d.h. 13 Jahre vor seinem Tod) ist er auf anraten der Medici operiert worden wegen eines 3 Loth wiegenden Blasensteins, wie oben exprimiert" Johann Henrich Busch († 1736)*

Bild 25. *Die Vogtfamilie hatte bis in dieses Jahrhundert den Beruf des Metzgers. Von ihnen stammt auch der Professor der Medizin Wilhelm Vogt, der 1835 in die Schweiz ging. Sein Sohn Karl wurde 1848 Abgeordneter in der Pauluskirche in Frankfurt. Er mußte fliehen und wurde Professor der Zoologie in Genf*

schlossen. Unserer Gedanken gehen auch hin zu all den Unbekannten, die in Zeiten der Epidemien, ohne daß wir einen Hinweis haben, in Massengräbern bestattet wurden. Im Jahre 1635 starben 311 (!) Einwohner allein im Monat September. Während des 7jährigen Krieges (1756 - 1763) sowie in der Zeit von 1796 - 1813 unter Napoleon fanden im näheren und weiteren Bereich von Gießen viele Kämpfe statt, wobei Gießen immer wieder als Lazarettstadt diente. Infolge der Unterernährung auf dem Rückzug aus Rußland schwoll die Zahl der meist in behelfsmäßigen Lazaretten aufgenommenen Soldaten auf über 2500 an. Die meisten waren typhuskrank. Über dieser Zeit liegt die Tragik einer nicht wissenschaftlich weiter verfolgten Erkenntnis, die später dem von 1827 -1912 lebenden Lord Lister zum Weltruhm verhelfen sollte und unzähligen Menschen das Leben rettete. Sehr unter dem Widerspruch des Marschalls Blücher verlangte der Professor der Medizin, Vater des bekannten Zoologen und 48er Karl Vogt, Wilhelm Vogt, daß ihm und seinen Ärzten nach jeder Visite in den Lazaretten ein Bad bereitet werde. Von den Militärärzten entging nur einer dem Schicksal, von der Seuche verschont zu bleiben, selbst der 25jährige Kollege der Universität wurde nach nur 2 Monaten von der Seuche ereilt und starb. Nur Vogt und seine Assistenten blieben verschont, ohne, daß man, warum? fragte und wissenschaftlich der Erscheinung nachging. Wieviel Leid hätte ein halbes Jahrhundert vor Lister der Menschheit erspart bleiben können!

VIIb Wenn wir von der Pforte an der Licher Straße links hochgehen, finden wir, etwas voneinander getrennt, zwei Grabfelder, die unverkennbar zu der jüdischen Gemeinde gehörten. Es gab von alters her in Gießen eine jüdische Gemeinde, die auf über 1100 Mitglieder an-
XVIb gewachsen war, bis sie nach 1933 der völligen Auflösung verfiel. Da die Vorstellung, wie man den Toten gegenüber Ehrfurcht erweist, in der Welt des Judentums sich wesentlich von der der Christenheit unterscheidet, so ist es am Platz, einige Erklärungen darüber zu geben. Bis 1826 durften Juden in Gießen ihre Toten nur in Großen-Linden begraben. Es war ein Zeichen großer Toleranz, daß man ihnen dann gestattete, ihre Toten auf einem Friedhof für Christen zu begraben, wenn auch auf einem besonderen Gräberfeld. Es ist für einen Juden unvorstellbar, ein solches Gräberfeld aufzugeben, wenn man auch eine Grabpflege, wie wir sie gewohnt sind, nicht kennt. Kränze und Blumen sind unbekannt. So hat sich auch herausgestellt, daß diese beiden Gräberfelder nicht städtisches Gelände sind, wie der Friedhof, sondern ausdrücklich als Eigentum der jüdischen Gemeinde im Grundbuch eingetragen sind.

Wenige Stunden nach dem Tod erfolgt die Waschung nach bestimmten Vorschriften, wozu u.a. auch gehört, daß der Raum, in dem dies geschieht, nicht abgeschlossen sein darf. Der Tote wird mit einem weißen Kittel bekleidet, den er an seinem Hochzeitstag und auch an bestimmten Feiertagen zum Gottesdienst getragen hat. Der Sarg ist völlig schmucklos. Es gibt eine Sitte, beim Verlassen des „Guten Ortes", wie der Friedhof heißt, ein Büschel Gras auszurupfen, den man hinter sich wirft. Es soll an das Prophetenwort des Jesaja erinnern:

Bild 26. *Jüdischer Grabstein mit der heute noch in Israel geltenden Zählung 5624=1863*

„Ja das Volk ist das Gras -". Im Todesfall spricht man nicht in dem uns gewohnten Brauch: Herzliches Beileid! aus, sondern seit alters her: Gesegnet, der da gerecht richtet!
Bei den Vorbereitungen des Verstorbenen zum Begräbnis darf kein Wort gesprochen werden; denn der Unterschied zwischen Lebenden und Toten soll damit aufgehoben sein. Eine besondere Ehrung des Toten besteht darin, daß man ihn Erde aus dem Lande der Vorväter - heute Israel - mitgibt. Es wird eine Totenwache gehalten, bei der man gemeinsam Abschnitte der Heiligen Schrift liest. Begegnet ein Jude einem Trauerzug, so begleitet er ihn ein Stück und trennt sich von ihm mit den Worten: Gehe hin in Frieden! Außer für einen Rabbiner gibt es in der Synagoge keine Trauerfeier, aber wenn die Umstände es erlauben, soll der Trauerzug an der Synagoge vorbeigehen und kurz halten. In strengen Gemeinden waren und sind die Frauen auf dem Friedhof nicht zugelassen. Des Besuch eines Grabes dokumentiert man dadurch, daß man einen kleinen Stein auf dem Grabstein hinterläßt. Innerhalb eines Jahres nach der Bestattung soll ein Grabstein gesetzt sein. Die Inschrift ist meist in hebräisch gehalten, und der Wortlaut wird mit dem Rabbiner besprochen. Er beginnt mit „Hier ruht" und endet mit den Anfangsbuchstaben des Satzes: Meine Seele werde eingebündelt in das Bündel der Lebenden (1. Sa-

Alter Friedhof

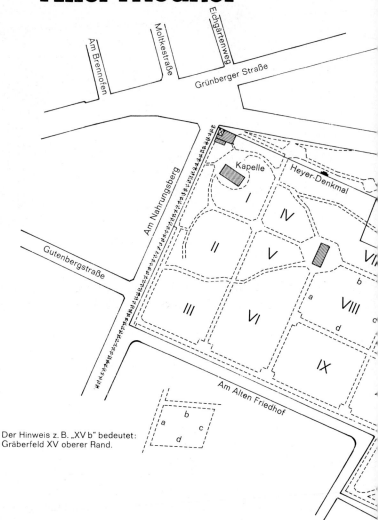

Der Hinweis z. B. „XV b" bedeutet:
Gräberfeld XV oberer Rand.

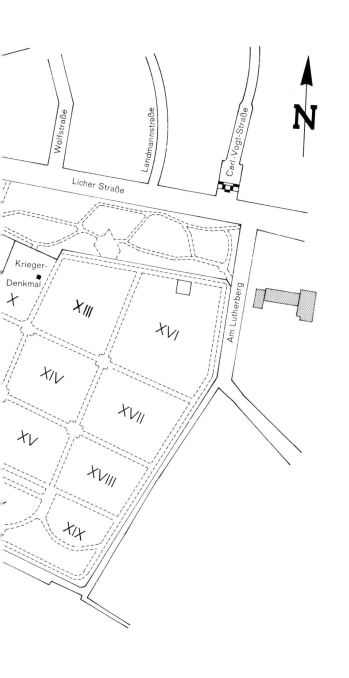

muelis, Kap.25, Vers 29). Man achte auf einen Grabstein, wo in der deutschen Inschrift auf der Rückseite die Jahreszählung angegeben wird, die noch heute im Staat Israel gilt. Es heißt dort: 1863 = 5624. Zu Beginn des jüdischen Grabfeldes erinnert der Name *Bock* an eine jüdische Familie, die für das kulturelle Leben der Stadt eine besondere Bedeutung hatte. Sie gehörte zu der begüterten Gruppe Gießener Zigarrenfabrikanten, der die Stadt eine umfangreiche Gemäldesammlung aus der Kunstwelt um 1900 zu verdanken hat. Alfred Bock war ein Schriftsteller, der in erfolgreichen Romanen sich der bäuerlichen Welt Oberhessens annahm. Aus seinen Tagebüchern, die gedruckt erschienen sind, nur einige Auszüge:

„Besuch von Kasimir Edschmid
20. Nov. 1920 besuchte mich Walter Hasenclever
15. März besuchte mich Boerries von Münchhausen
Paul Ernst war zu Gast
- als ich das letzte Mal bei Otto Ubbelohde weilte
30. Jan. 1923 war Rudolf G. Binding mein Gast
3. Februar 1925 kam ganz überraschend aus Florenz Karl Wolfskehl
- traf mich mit Fritz Usinger
7. Januar 1929 nach dem Vortrag Zusammensein mit Karl Zuckmayer usw."

Eine wertvolle Autographensammlung, meist aus einem persönlichen Schriftverkehr des Vaters, S.Bock, mit zeitgenössischen Künstlern, besonders Musikern, befindet sich in der Universitätsbibliothek.
Werner Bock, der Enkel, mußte 1939 Deutschland verlassen und lehrte einige Jahre an der Universität Montevideo deutsche Literatur und Philosophie. Er übersetzte Rilke, George und Hofmannsthal ins Spanische. In einem seiner Gedichte schreibt er (im Auszug):

Am Kamin
Jedesmal, wenn ich die Scheite richte,
Die das Feuer allgemach verzehrt,
Denk ich meiner eigenen Geschichte.
Die ihr mir den Mutterboden raubtet,
Mich verfluchend, höhnend meine Treu,
In der Fremde bald verdorrt mich glaubtet.
Was ihr tatet, war zu meinem Segen.
In ein andres Erdreich durft ich neu
Meine halberstorbnen Wurzeln legen.
Kraft der jungen Welt durchströmt die Zweige,
Lenz im Herbst: so blüh ich noch einmal.
Farbenglühend geht mein Tag zur Neige.

Wir begeben uns nun in den oberen Teil des Friedhofes, dessen Gräber meist aus der zweiten Hälfte des vorigen Jahrhunderts stammen. Dabei gehen wir von dem Grab aus, das den Alten Friedhof in Gießen zu einem Wallfahrtsort der Welt gemacht hat: das Grab von Wilhelm Konrad *Röntgen*. - Im Jahre 1879 wurde er im Alter von 34 Jahren nach Gießen auf den Lehrstuhl der Physik berufen. Mehr als 9 Jahre wirkte er hier. In dieser Zeit verstarben seine Eltern, die hier bei ihm wohnten, und so bestimmte Röntgen testamentarisch, daß auch er hier in Gießen beigesetzt werde. In der Fachwelt ist Röntgen durch die Entdeckung der nach ihn benannten Strahlen 1895 weltbekannt geworden, über die er erstmalig 1895 in Würzburg, seiner neuen Universität, Bericht erstattete. Es darf aber nicht übergangen werden, daß die „Röntgenströme", die er in Gießen entdeckte und über die er in einem 5 Druckseiten umfassenden Bericht die Berliner Akademie informierte, nach dem Urteil von Fachleuten für die Entwicklung der modernen Physik ebenso bahnbrechend sind wie seine Strahlen. Es heißt in einem Lebenslauf: „- sie allein (diese Entdeckung) hätte auch ohne die Entdeckung der Röntgenstrahlen den Namen Röntgen in der Geschichte der Physik lebendig gehalten - es ist einer der nicht seltenen Fälle, in welchem eine einzelne besonders spektakuläre Entdeckung die Bedeutung des gesamten Lebenswerkes eines Forschers vergessen läßt." Ebenso bedeutsam sind seine Gießener Arbeiten über das Verhalten von Flüssigkeiten unter Druck sowie das Verhalten von Kristallen unter Druck, Wärme, Licht - und Stromeinwirkung. Als Röntgen 1888 nach Würzburg berufen wurde, hatte man auf beiden Seiten vergessen, daß 17 Jahre zuvor in Würzburg die Habilitation von Röntgen unter der Begründung ab-

Bild 27. *Grabstätte der Familie Röntgen*

gelehnt worden war, er habe kein Abitur. In Zeiten, in denen es Menschen gibt, die es als unumstößliches Ergebnis forschender Wissenschaft ausgeben, daß zwischen den Generationen es grundsätzlich spannungsgeladen zugehen müsse, sei ein Ausschnitt aus einem Brief wiedergegeben, den Röntgen an einen Freund anläßlich der Nachricht vom Tode der Mutter des Freundes schreibt.

„Ich kann mich um so besser in Ihre Lage versetzt denken, als ich selbst vor wenigen Jahren den selben herben Verlust erlitt, den Sie nun zu beklagen haben. Auch bei mir war es eine seit frühester Jugend innigst geliebte, hochverehrte und mir fast unentbehrlich vorkommende Mutter, die mir genommen wurde, bevor mein Vater starb. Als sie lebte, habe ich sie geliebt und hoch geschätzt und sie betrauert, als sie starb; was ich an ihr verlor, habe ich erst später erfahren und gefühlt. Wie häufig denke ich an sie und wie weit reicht die mütterliche Liebe noch über das Grab hinaus.

Die Frage: Wie würde in diesem und jenem mir schwer lösbar erscheinenden Falle deine Mutter gehandelt oder gesprochen haben, hat mich schon oft auf den richtigen Weg geführt. Das mütterliche Herz mit seiner unendlichen Fülle von Liebe und das stets zur Versöhnung geneigte Gemüt zeigen uns noch immer den richtigen Weg, auch dann, wenn die Mutter nicht mehr unter den Lebenden weilt."

Große Geister der Wissenschaften sind dann besonders eindrucksvoll, wenn man sie auf dem Hintergrund der menschlichen Größe sehen kann. Röntgen ist mit diesem Brief ein Beispiel dafür. Es ist daher auch richtig, daß der Grabstein in der bescheidenen Aufmachung geblieben ist, wie ihn Röntgen seinen Eltern gesetzt hat. Die Gesinnung von Röntgen mag auch damit gekennzeichnet sein, daß er auf den Geldbetrag, des ihm als erstem zugesprochenen Nobelpreis für Physik zugunsten seiner Universität Würzburg verzichtete.

Etwas weiter oberhalb liegt das Grab des Zoologen *Spengel*. Welche menschliche und wissenschaftliche Bedeutung er während seiner 34jährigen Tätigkeit in Gießen hatte, mag am besten mit einem Satz aus der Jubiläumsschrift zur 350-Jahr-Feier der Universität umschrieben sein: „Es gab wohl in ganz Europa in den damaligen Jahrzehnten keinen Lehrstuhl der Zoologie, bei dessen Besetzung Spengel nicht ein gewichtiges Wort mitgeredet hätte." 1882 war Darwin, der Verfasser von „Entstehung der Arten", verstorben. Spengel gehörte zu der nachwachsenden Generation der Zoologie, die gewissermaßen mit einer Arbeit an der Basis mit der Fundierung dieser Darwinschen Lehre begann. Spengels Hauptarbeitsfeld waren die Kleinlebe- XVIIb

XIIId wesen, wie Würmer und Schnecken. Einige Schritte weiter, auf der linken Seite, befindet sich das Grab des ersten Professors der Landwirtschaft der Universität Gießen, Albrecht *Thaer,* Enkel des gleichnamigen Großvaters, der als erster die Bedeutung des Humus für die Landwirtschaft wissenschaftlich erforschte. Thaer jr. gründete 1877, um mit der Praxis in Verbindung zu bleiben, den „Gießener landwirtschaftlichen Lokalverein". Mit der Berufung von Thaer wird erstmalig ein landwirtschaftliches Institut eingerichtet, das nach Fertigstellung des „neuen" Kollegiengebäudes 1879 in der Ludwigstraße eine Bleibe findet.

Im Zuge der Bereinigung der deutschen Landkarte, die unter dem Druck Napoleons 1803 begann und 1815 auf dem Wiener Kongreß abgeschlossen wurde, kamen zu dem fast rein evangelischen Gebieten des Großherzogtums Hessen Gebietsteile mit einer z.T. ausschließlich katholischen Bevölkerung. Unter den damaligen Verhältnissen war dem Staat der Auftrag gegeben, ebenso für die Ausbildung der Priester zu sorgen, wie er seit Gründung der Universität für die Ausbildung der evangelischen Pfarrer Sorge getragen hatte. So wurde in Gießen eine katholische theologische Fakultät errichtet, und im Wintersemester 1830/31 erschienen die ersten 26 Studenten, deren Zahl im Laufe der Jahre bis auf 84 anstieg. Die Fakultät zählte 6 Dozenten, und die „Gießener Jahrbücher für Theologie und Philosophie" gaben in 13 Jahrgängen ein Spielgelbild wissenschaftlicher Arbeit katholischer Theologen in Gießen wieder. Unter den Dozenten ragte nicht nur wegen seiner echt schwäbischen Treue und Biederkeit, mit der er sich um seine Studenten kümmerte, sondern auch durch seine für seine Zeit bedeutsame Weise, wie er den wissenschaftlichen Fortschritt in seine literarischen Arbeiten aufnahm, Leopold *Schmid* hervor. Welchen Rang er im Bistum Mainz einnahm, beweist die Wahl zum Bischof, wenn auch in einer Kampfabstimmung 4 : 3. Die Kurie wurde auf den Mann aufmerksam und nahm

VIIIc mung 4 : 3. Die Kurie wurde auf den Mann aufmerksam und nahm ihn unter die Lupe. Der Papst verweigerte die Zustimmung zur Wahl und forderte das Domkapitel zur Aufstellung einer neuen Kandidatenliste auf. Im neuen Wahlgang wurde Wilhelm Emanuel Freiherr von Ketteler gewählt, der für die nächsten Jahrzehnte der hervorragende Repräsentant der katholischen Kirche in Deutschland war. Er war nicht bereit, in allen Fragen seiner Kirche im Kielwasser des Staatsschiffes zu fahren.

Schon nach Jahresfrist erklärte Ketteler die Gießener Fakultät für aufgehoben und eröffnete in Mainz ein Priesterseminar. Das bedeutete aber nicht, daß die Gießener Professoren von nun an in Mainz dozieren sollten. Sie standen ja im Staatsdienst. Zwei gingen in den Ruhestand, einer wurde Pfarrer der katholischen Gemeinde in Gießen und zwei, Lutterbeck und Schmid, ließen sich in die Philosophische Fakultät umschreiben. Sie äußerten sich, wie folgt, auf eine Aufforderung, einen Revers zu unterschreiben, in dem das Recht des Bischofs anerkannt werden sollte, die Ausbildung der Priester zu bestimmen: *Lutterbeck* erklärte, daß er die Unterschrift nicht leisten werde und sich zugleich aller priesterlichen Funktionen enthalte. Schmid verweigerte ebenfalls die Unterschrift und sprach einen Verzicht auf die spezifische römische Gemeinschaft so lange aus, als diese den eigentümlichen Wert des Evangeliums anzuerkennen ablehne. Jahrelang kündigten die beiden noch Vorlesungen an, aber mit dem Sommersemester 1851 blieben die Studenten der katholischen Theologie aus, von ihren Kommilitonen „Kathologen" genannt. Auf dem Grabstein von Schmid ist zu lesen: „Wo zwei oder drei in meinem Namen versammelt sind, da bin ich mitten unter ihnen."

XVIIIa

Gießen zählte mit Breslau, Bonn und Tübingen, auf 20 Jahre wenigstens, zu den Universitäten, die eine evangelische und katholische theologische Fakultät beherbergten. Man kann zu dieser Entwicklung nur sagen: schade!; denn die beiden Fakultäten hätten einen wichtigen Beitrag zum Gespräch der Konfessionen liefern können.

Friedrich Ludwig Karl *Weigand*, als Pfarrerssohn 1804 in Niederflorstadt geboren, ist als Herausgeber des Deutschen Wörterbuches in der Nachfolge der Brüder Grimm bekannt. Bis heute ist dieses Standardwerk noch nicht überholt. Mit 19 Jahren fing Weigand an, die Eigenarten der oberhessischen Mundart zu sammeln. Als später Crecelius sein „Oberhessisches Wörterbuch" herausgab, baute er weithin auf der auf 500 Blätter angestiegene Sammlung von Weigand auf. Weigand zählte zu den Professoren, die die Mundart nicht als eine soziale Diskriminierung ansahen, sondern verfaßte viele, z.T. bis heute bekannte Gedichte in Wetterauer Mundart, wobei er sich laufend ergänzter Lautzeichen und Buchstabenformen bediente, um die ihm so vertraute Mundart auch schriftlich zu fixieren. Ebenso schrieb er Sagen und Erzählungen aus dem Volk so auf, wie sie im Original zu ihm gesprochen wurden. Es waren für Weigand 30 mühevolle und arbeitsreiche Jahre, bis er vom Privatdozenten zum ordentlichen Professor aufstieg. Inzwischen war er 64 Jahre alt geworden. Kein Geringerer als August Heinrich Hoffmann von Fallersleben, der Verfasser des „Deutschlandliedes", schrieb Weigand zu Beginn seines 70. Lebensjahres:

XIVa

Was unser Volk gefühlt und gedacht
Hast Du als Wörterbuch gebracht,
Drauf hinfort sich jedermann
Beliebig Rats er holen kann.
Und schlägt er nach auch noch so oft
Er findet immer, was er hofft;
Er findet der Sprache ganzen Hort
Darin verzeichnet ein jedes Wort
Nach Form und Bedeutung in jeglicher Zeit
Und erklärt in gehöriger Deutlichkeit.

XIIc Es ist schon darauf hingewiesen worden, daß Liebig kurz nach seinem Dienstantritt (1824) von dem Mediziner Ritgen gebeten wurde, für Mediziner eine Vorlesung „Über pharmazeutische Chemie" zu halten. Das war der Auftakt dazu, daß im Jahre 1843 der Berliner Privatdozent Philipp *Phoebus,* inzwischen praktischer Arzt in Nordhausen, als Professor der Pharmakologie nach Gießen berufen wurde. Im folgenden Jahr richtete Phoebus ein Pharmakologisches Institut ein, das das erste Institut dieser Art an einer deutschen Universität war. Es verdient festgehalten zu werden, daß Phoebus dazu von seiten der Regierung eine weitgehende und ungewöhnliche Unterstützung bekam. An dem Plan, mit einem über ganz Europa verstreuten Mitarbeiterstab eine Anleitung zur Herstellung von Medikamenten herauszugeben, scheiterte Phoebus aus organisatorischen Gründen. Es gelang ihm nicht, die Beiträge der Mitarbeiter rechtzeitig zusammenzubekommen. Das Material, das in seinem Nachlaß gefunden wurde, war inzwischen überholt. Phoebus mußte aus Gesundheitsgründen um Emeritierung bitten und schrieb im Jahre 1867 in einem Bericht über die Aufgabe eines Mediziners: „Bekanntlich ist von allem Wissen unserer jungen Ärzte leider gerade dasjenige, dessen praktische Anwendung sie täglich bedürfen, die Kenntnis der Arzenei und ihre kunstgemäße Anwendung, das allerschwächste." Was müßte Phoebus heute schreiben, wo von 85 000 Medikamenten die Rede ist?

XIIc Der Nachfolger, Rudolf *Buchheim,* kam auf eine merkwürdige Weise nach Gießen. Mit 26 Jahren war er an die Universität Dorpat berufen worden. Bei seiner Vorschlagsliste hatte Phoebus es unterlassen, Buchheim zu erwähnen; denn er hielt ihn unter den damaligen Verhältnissen für kaum erreichbar. Der Name Buchheim hatte aber einen solchen Klang, daß ihm die Vorschlagsliste zur Beurteilung und Stellungnahme zugeschickt wurde. Buchheim schrieb ehrlich und wahrhaftig zurück, daß er selbst an einer Berufung nach Gießen nicht uninteressiert sei, und darauf ging man ein, und Buchheim wirkte von 1867 bis 1879 in Gießen. Sein wissenschaftlicher Beitrag brachte zu dem seines Vorgängers eine bedeutsame Ergänzung. Phoebus hatte in seinem Institut mehr eine Sammlung von Arzneimittelsubstanzen zusammengetragen, während Buchheim in Dorpat experimentell gearbeitet hatte. Ihm war es darum gegangen, zu erforschen, die Wirkung der Arzneimittel zu erklären. In Gießen bereitete Buchheim die 2. Auflage seines „Handbuches der Arzeneimittellehre" vor, wobei er die Erkenntnisse seiner 20jährigen wissenschaftlichen Arbeit seit der 1. Auflage des Handbuches (2 Bände mit 1773 Seiten!) verwerten konnte. Da setzte ein Schlaganfall allen Hoffnungen der gelehrten Welt und dem Leben des erst 59jährigen ein Ende. 180 Studenten war Buchheim zum Doktorvater geworden. Auf dem Grabstein von Phoebus steht: *praeceptor pharmaciae Germaniae* d.h. Lehrmeister der Heilmittelkunde Deutschlands!

Wir können uns im Zeitalter der Atomforschung wohl kaum eine Vorstellung davon machen, auf welchem Neuland die Naturwissenschaften in der ersten Hälfte des vorigen Jahrhunderts arbeiteten. Erkenntnisse, die heute jedem Schüler Selbstverständlichkeiten sind, mußten in jahrelanger, mühevoller Arbeit, in manchmal häßlicher Auseinandersetzung mit den Vertretern der alten Schule „verteidigt" werden, um schließlich doch als Grundlagen neuer Erkenntnisse anerkannt zu werden. Es waren nicht immer spektakuläre Entdeckungen, wie die von Liebig und Röntgen. In hartem wissenschaftlichen Kärrnerdienst, der zunächst einmal daran gehen mußte, Stein für Stein zu dem Fundament einer neuen Behausung der modernen Wissenchaften zusammenzutragen, kam man zu neuen Ergebnissen. Die Fortentwicklung zeigte sich darin, daß die Vielfalt der Lehrgegenstände eines Dozenten mehr und mehr auf mehrere Lehrstühle verteilt wurde. Bewundernswert manchmal die Aufgeschlossenheit, die eine Ministerialbürokratie gegenüber den nach langwierigen Beratungen beantragten neuen Lehrstühlen zeigte, aber ebenso deprimierend, wie manchmal erst nach Jahrzehnten die von der wissenschaftlichen Front gewonnenen Erkenntnisse auch von den Stäben der Ministerialbürokratie durch die Bewilligung neuer Lehrstühle auch weitergegeben werden konnten.

Georg Gottlieb *Schmidt* vereinigte von 1789 bis 1837 die Fächer Mathematik und Physik. Zugleich war er Leiter der Sternwarte. Um eine Verwechslung mit dem gleichnamigen Theologen vorzubeugen, nannten die Studenten den einen „Himmelsschmidt" und den anderen wegen seiner physikalischen Versuche „Luftschmidt". Noch zu seinem Gedächtnis zum 100. Todestag heißt es: „- einer der tätigsten und bedeutendsten Physiker des damaligen Deutschland." Die Gründung eines „Physikalischen Kabinetts" aus eigener Tasche möge ein Zeichen dafür sein, wie die Initiative eines akademischen Lehrers manchmal strapaziert wurde.

XIIc Als nach dem Tode von Schmidt die Aufgaben seines Lehrstuhles ge-
XIc teilt wurden und Heinrich *Buff* die Physik, Richard *Baltzer* die Mathematik übernahm, ging es besonders Buff nicht viel besser. Nach jahrelangen Verhandlungen übernahm die Universität endlich für eine feste Summe die von Buff angeschafften Geräte, längerer Zeit bedurfte es, bis die Universitätskasse für einen Schrank, den Buff auf Fiskuskosten erworben hatte, auch die Transportkosten übernahm. Buff war ein Neffe der durch Goethe (Werthers Leiden) berühmt gewordenen Charlotte Buff. Schüler seines Vorgängers Schmidt, hatte Buff aber bei Liebig den Doktorhut erworben. Zeitlebens hatte er trotz seines Lehrfaches Physik seine chemischen Neigungen nicht aufgegeben, die dadurch noch besonders angeregt worden waren, daß ihm Liebig für zwei Jahre ein Stipendium des Großherzogs für das Studium der Chemie in Paris vermittelt hatte, dessen Nutznießer Liebig selbst auch einmal gewesen war. Buffs Privathaus mit dem angebauten eigenen Hörsaal ist wohl (Frankfurter Straße 10) noch das einzige Professorenhaus dieser Art, das in Gießen erhalten geblieben ist. Buff hatte für den Besuch seines physikalischen Seminars Statuten aufgestellt, die einen „Numerus-clausus-Student" von heute erblassen lassen. Darin heißt es in § 7: „Die Zahl der ordentlichen Mitglieder soll die von 8 nicht übersteigen." Jahrgang 1862!!! Der Umfang seiner wissenschaftlichen Tätigkeit mag damit umgrenzt sein, daß seine Bibliographie 3 $^1/_2$ Seiten (eng bedruckt) Titel enthält. Er wird als „Meister des Experimentes und der Gerätekonstruktion" bezeichnet. 40 Jahre lehrte er in Gießen. Übrigens arbeitete zu Anfang seiner Tätigkeit in Gießen Röntgen in den Räumen von Buff.

IIId IXc Richard Baltzer übernahm den mathematischen Lehrstuhl nach dem Tode von Buff. Der wissenschaftliche Ruhm von Baltzer läßt sich wohl am besten damit beweisen, daß verschiedene seiner mathematischen Bücher geradezu Standardwerke der Mathematik waren. Außerdem lehrten *Umpfenbach* und *Zamminer* Mathematik. Umpfenbach stellte schon 1843 einen amtlichen „Studienplan für Kandidaten des Gymnasiallehramtes aus dem mathematischen Gesichtspunkt" auf. Zamminer starb allzu früh mit 41 Jahren. zu seinen bedeutsamen Arbeiten zählt u.a. „Mathematik als Grundlage der Musik".

Zamminer gehörte zu den Professoren, die es bis in die Gegenwart hinein noch gibt. Sie beteiligen und beteiligten sich an den Problemen der Bürgerschaft der Stadt. Wenige Monate vor seinem Tod gründete Zamminer als Vorsitzender des Gewerbevereins eine Handwerkervorschußkasse, aus der über die Handels- und Gewerbebank die jetzige Volksbank entstanden ist.
Ein unscheinbarer Grabstein ruft die Erinnerung an einen Mann wach, der mit seinen beiden Brüdern zu den ersten Wissenschaftlern gehörte, die einen Himalaya-Berg in einer Höhe von 6788 m erstiegen haben. Über Alexander von Humboldt, dem die Brüder durch ihre Erforschungen der Alpenlandschaft auffielen, wurden sie von dem König von Preußen an den englischen Hof empfohlen. In der englischen Presse eiferte man sich nicht wenig, daß „Fremde" und eine „ganze Familie" mit 1000 Pfund jährlich vom englischen König eine Expedition nach Indien finanziert bekamen. Mit der „ganzen Familie" hatte es folgendes auf sich, daß Adolf und Hermann Schlagintweit die Mitnahme ihres Bruders Robert zur Bedingung gemacht hatten. Es hätte allerdings auch möglich sein können, daß sie zwei weitere Brüder mitgenommen hätten. Fast drei Jahre waren die Brüder unterwegs in Indien vom Spätjahr 1854 bis zum Mai 1857. Es ist hier nicht der Ort, in allen Einzelheiten zu schildern, wie die Brüder in gemeinsamen und Einzelunternehmen in einer erstaunlichen Unermüdlichkeit kreuz und quer in Indien unterwegs waren, wobei sie vor allem das nördliche Bergland - „Das Dach der Welt" anzog. Ihre Körpermessungen an den Eingeborenen waren Untersuchungen, die erstmalig von Abendländern durchgeführt wurden. Robert besuchte die Quellgebiete des Ganges, Adolf wurde das Opfer eines größenwahnsinnigen Chans in Chinesisch-Turkestan, der ihn hinrichten ließ. Robert brachte in 4 $^{1}/_{2}$ Monaten mit einer Karawane von Hunderten von Pferden und Kamelen die Ausbeute der Expedition 2400 km weit nach Bombay. Gründliche magnetische Messungen führten zu dem bis dahin unbekannten Ergebnis, daß die Unterschiede der Messungen durch Gesteinsarten und Gebirgsmassive bedingt seien.
Noch nach Jahrzehnten veranlaßte 1888 der russische Generalkonsul in Kaschgar (Chinesisch-Turkestan), daß dem Bruder Adolf ein Denkmal gesetzt wurde. Als die Ausbeute katalogisiert und inventarisiert wurde, ergab sich ein Bestand von 484 Aquarellen und Kohlezeichnungen sowie 14 000 Objekten. Ein Stück davon ist heute noch im Großen Saal auf dem Gleiberg zu sehen: Ein Schädel eines Wasserbüffels mit den riesigen Hörnern fand seinen Weg vom Himalaya

dorthin. Der Name des 7143 Meter hohen Gaurisankar - 60 km westlich des Mt.Everest - wurde erstmalig von den Brüdern Schlagintweit ermittelt.

XVc Anläßlich eines Vortrages, den der Großherzog von Hessen hörte, war er von diesem Bericht so beeindruckt, daß er impulsiv Robert *Schlagintweit* zum Professor ernannte und ihm einen Lehrauftrag für Geographie in Gießen gab. Damit war aber die großherzogliche Impulsivität beendet; denn eine Planstelle gab es für Robert Schlagintweit nicht. Um existieren zu können, begab er sich auf Vortragsreisen, wo er von seinen einzigartigen Erlebnissen berichtete. Diese Reisen führten ihn auch zweimal nach den USA, die gleichzeitig ihn auch veranlaßten, sich mit den Problemen dieses Landes zu befassen. Die absolute Beherrschung der englischen Sprache gab die Möglichkeit, seine Vorträge auch in Englisch zu halten. Die Zahl seiner Vorträge soll insgesamt auf 1353 gekommen sein! Auch der Landesherr, der König von Bayern, konnte den Brüdern nicht mehr Anerkennung verschaffen, als daß er ihnen einen Adelsbrief ausstellen ließ. Hermann und Robert starben 1882 und 1885, 56 und 52 Jahre alt, beide an den Folgen von Leiden, die sie sich auf ihren Reisen zugezogen hatten. Die Sammlungen kamen nach Nürnberg. Bruder Hermann, der sich in Rußland tibetanische Sprachkenntnisse angeeignet hatte, lieferte die ersten deutschen Übersetzungen und ordnete und verwaltete noch zwanzig Jahre nach dem Tod seiner Brüder deren literarischen Nachlaß. Vor allem ist ihm die erwähnte Inventarisierung zu verdanken. Der 5. Bruder hatte als Kadett an einer militärischen Aktion der Spanier in Marokko teilgenommen und fiel im Bruderkrieg von 1866 bei Bad Kissingen als bayerischer Leutnant.

XIVd Unweit dieses Grabes findet sich die Begräbnisstätte des Superintendenten von Oberhessen, Friedrich Karl *Simon*. Als Student nahm er 1817 an den maßgebend von Gießener Studenten einberufenen Versammlungen auf der Wartburg teil. Fast alle deutschen Universitäten schickten Vertreter. Als Sinnbild der Unterdrückung durch die Fürsten wurden in dem nächtlichen Feuer u.a. ein Korporalsstock und eine Perücke verbrannt. Die burschenschaftliche Bewegung wurde ausgelöst. Es kam 1819 als Folge der Ermordung des Schriftstellers von Kotzebue durch einen Studenten zu der sogenannten Demagogenverfolgung, die in den nächsten 30 Jahren so viel Unheil gerade unter der akademischen Jugend bringen sollte. Nach 30 Jahren sieht sich manches in dieser Welt nicht mehr so an wie im jugendlichen Überschwang. Von Simon heißt es: *„Seine Bescheidenheit und Anspruchslosigkeit waren mit einer namentlich in den Zeiten der Auflö-*

sung aller Ordnung während der Jahre 1848/49 oft sehr notwendigen unerbittlichen Strenge und Energie in seinem Amt eng verbunden." 41 Jahre übte er sein Amt aus. Eine umfangreiche Selbstbiographie ist uns erhalten. Die Stadt Gießen ernannte ihn zu ihrem Ehrenbürger. Wenn wir, von der Pforte am Nahrungsberg kommend, rechts den Weg hochgehen, liegen in drei Gräbern drei Generationen Gießener Professoren begraben, von denen jede in ihrem Fach für die Universität wie auch für die Welt der Wissenschaft eine besondere Erinnerung hinterlassen hat. Zunächst sei das Leben von Heinrich *Will* geschildert. Er wurde 1812 in Weinheim a.d.B. geboren und wählte, wie Liebig, den Beruf eines Pharmazeuten. Dazu gehörte zunächst nach 8 Schuljahren eine Lehrzeit. Will war Vollwaise, fand aber einen Vormund, der ihn in jeder Weise förderte, wenn er ihm auch nicht alle Steine aus dem Weg räumen konnte. Durch den Tod seines akademischen Lehrers in Heidelberg ging die Redaktion der „Annalen der Pharmazie" an Liebig über. Will ging nach Gießen, da ihn Liebig nach Gießen rief. Will hatte sich in Heidelberg schon als Gehilfe des dortigen Herausgebers der Annalen bewährt. Liebig, der es meisterhaft verstand, junge Leute selbständig arbeiten zu lassen, übertrug Will die Redaktion der Annalen. Will promovierte bei Liebig und bekam -wieder in voller Selbständigkeit - das 2. Laboratorium übertragen. Die Zahl der Studenten hatte derart zugenommen, daß diese Teilung notwendig war. All diese Tätigkeit geschah aufgrund eines freien Einvernehmens zwischen Liebig und Will. Auf wiederholte Anträge von Liebig wurde Will mit 32 Jahren a.o. Professor. Als Liebig 1853 nach 28 Jahren Tätigkeit in Gießen nach München berufen wurde, wird er, bei allen Formalitäten einer Berufung,nicht unbeteiligt gewesen sein, daß Will sein Nachfolger wurde. 40 Jahre folgte Will den Spuren seines Meisters und setzte die Erfolgsserie der Chemie an der Geburtsstätte der modernen Chemie fort. Große Geister wie Liebig und Will störte es nicht, daß das Gebäude des Chemischen Institutes ursprünglich als Pferdestall einer Kaserne gedacht war. Ein Beweis, wie richtig es war, Will als Nachfolger von Liebig zu wählen, mag aus der Tatsache zu entnehmen sein, daß 15 seiner Schüler Lehrstühle der Chemie an anderen Universitäten einnahmen und daß die Brüder Clemm, ebenfalls bei Will geprägt, zu Gründern der Badischen Anilin- und Sodafabrik in Ludwigshafen wurden.

IXd Mauer

Der Schwiegersohn von Will, Karl *Zöppritz*, ruht im nächsten Grab. Er war Student für 20 Semester, nicht weil er ein Bummler, sondern

IXd Mauer

voller Wißbegierde war. Im Hinblick auf die Finanzen kann man sagen: Er konnte es sich leisten. Sein wissenschaftlicher Weg führte ihn vom Mathematiker und Physiker zum Geographen. Zöppritz ist der Mitbegründer der Deutschen Meteorologischen Gesellschaft. Er entdeckte u.a., daß die Meeresströmungen ihre Ursache an den, wenn auch noch so schwachen Winden, an der Oberfläche haben, weil diese Bewegungen in die Tiefe gehen. Von Forschern aus aller Welt wurde Zöppritz angegangen, die geographischen Standorte auf Forschungsreisen nachzuprüfen, wobei in vielen Fällen eine Korrektur daraus wurde. In einem Nachruf heißt es: „- als Afrikakenner schwer, als Kartograph und Berechner geographischer Beobachtungen schwerer, als Geograph überhaupt kaum zu ersetzen." 13 Jahre wirkte er in Gießen, bis ihn seine alte Universität nach Königsberg berief.

IXd Mauer Das nächste Grab erinnert an den Schwiegersohn von Zöppritz, Otto *Eger,* der der studentischen Generation in Gießen zwischen 1918 und 1933 unvergessen bleiben wird. Nach den Akten war Eger Professor der juristischen Fakultät. Als der jungen deutschen Republik nach 1918 chaotische Zustände drohten, als Kräfte sich erhoben, denen es zunächst einmal darum ging, zu zerstören, übernahm Eger das Kommando über eine Studentenkompanie. Es war Eger, der angesichts des völligen Zerfalls der Finanzen in der Inflation die Gründung des Studentenwerkes betrieb. Die Krönung dieser Arbeit war im Jahre 1930 die Eröffnung der Mensa und des Wohnheimes in dem heute nach ihm benannten Gebäude am Ende der Ludwigstraße. Unvergessen, wer es miterlebt hat, wenn dort um die Mittagszeit der Professor der Rechte nach dem *Rechten* sah. So nebenbei hatte Eger auch noch Zeit und das Wissen, die internationale Rechtskunde durch Entzifferung antiker Handschriften aus der umfangreichen Papyrussammlung der Universitätsbibliothek zu bereichern.

IXd Mauer Etwas unterhalb dieser drei Gräber liegt der Nachfolger von Will, Alexander *Naumann,* begraben. Wenn auch kein unmittelbarer Liebig-Schüler, setzte er die schon von Liebig veranlaßte Teilung der Chemie in dem Sinne fort, daß er in einer avantgardistischen Weise sich mit der physikalischen Chemie befaßte und die Ergebnisse in zahlreichen Büchern veröffentlichte.

An der Mauer zum Nahrungsberg liegt das Grab des Vorgängers von Liebig, Wilhelm Ludwig *Zimmermann,* der als 2. Professor der Universität nach einer Vakanz von 32 Jahren den Lehrstuhl für Chemie und Mineralogie übernahm. Hier liegt auch sein Nachfahre, Professor Wilhelm *Gundel,* begraben, der die klassische Philologie vertrat.

Seine zahlreichen Veröffentlichungen über die Astronomie und Astrologie in der Welt des Altertums haben bis heute nach Jahrzehnten geradezu eine Monopolstellung in der Fachwelt.
Bei einem Rundgang auf dem Alten Friedhof, sollten wir nicht vergessen das Grab des Gießener Pfarrers *Engel* zu besuchen. Es ist noch eines der wenigen innerhalb der Grabfelder. Engel war Sohn eines Gießener Schneiders und blieb auch lebenslänglich seiner Vaterstadt treu. Er besuchte das Gymnasium in Gießen, um dann Theologie zu studieren. Nach Abschluß seiner Studienzeit in Gießen überbrückte er die Wartezeit auf einer Pfarrstelle als Lehrer an seiner alten Schule, um dann noch 38 Jahre als 1. Stadtpfarrer zu wirken. An wieviel Gräbern mag er in dieser Zeit gestanden haben. Das Volk nannte ihn, nicht zuletzt wegen seines kleinen Wuchses, unehrerbietig, aber doch liebend „Das Engelsche" oder „Das Kirchenrätche". Seine besondere Beliebtheit erwarb er sich dadurch, weil er einen unverfälschten Gießener Dialekt auch auf der Kanzel sprach. Es ist nicht mehr auseinanderzudividieren, was von den vielen Anekdoten, die auf Engel zurückgehen sollen, Dichtung und Wahrheit ist. Auf alle Fälle scheint festzustehen, daß er einen unverwüstlichen Humor besaß.
Wer von dem eisernen Grabkreuz zum Gedenken an den Kirchenrat Engel - Feld IX - vom Aufenthaltsraum der Friedhofsgärtner links auf die Südmauer zugeht, findet dort ein Grabmal, das durch seinen Aufwand und die bildlichen Darstellungen auffällt.
Es besteht die begründete Vermutung, das ursprünglich nur das Mittelstück geschaffen und die Gesamtkomposition später innerhalb eines Jahrzehntes zu Ende gebracht wurde.

IX Mitte

Leutnant Georg *Gail* war in einer der ersten Schlachten des Krieges 1870/71 gegen Frankreich bei Gravelotte schwer verwundet worden und starb zwei Monate später an den Folgen seiner Verwundung im Lazarett in Mannheim. Auf seinem Sterbebett wurde ihm das Eiserne Kreuz verliehen. Am Tag der Verleihung wurde der Orden, wie dargestellt, getragen, während späterhin nur das Band gezeigt wurde. Die Familie Gail hatte 1812 die erste Zigarrenfabrik in Gießen gegründet. Das hatte im folgenden Jahrhundert über 40 Gründungen von Zigarrenfabriken in Gießen zur Folge gehabt. Mancher Wohlstand war dadurch nach Gießen gekommen. Bedingt durch geeignete Tonerde, die der Gießener Boden hergab, hatte die Familie Gail noch eine Ergänzung ihres unternehmerischen Geistes in den „Gailschen Tonwerken" gefunden. Sie verarbeiten noch heute gebrannte Klinker als Bodenbelag, Wand- und Außenverkleidung.

Bild 28. *Gesamtansicht des Gailschen Grabmales*
Foto Dr. O. Ruckelshausen-Weckler

So konnte es auch sein, daß zu diesem Grabmal mit seiner recht kostspieligen Ausgestaltung zwei bedeutsame Persönlichkeiten beauftragt wurden. Die beiden Inschriften am oberen Sims geben uns einen Hinweis, wie die Arbeit aufgeteilt war. Für „entworfen und gezeichnet" lesen wir Ritgen. Das bezieht sich wohl allein auf die Rückwand mit ihrem architektonischen Maßwerk. Das kam auch dem ursprünglichen „Lehrbeauftragten für darstellende Geometrie und Situationszeichnen" und seinen Talenten entgegen. „Erfunden und ausgeführt" bezieht sich auf Küsthardt, der von 1851-53 sich als Zeichner und Kupferstecher für den Zoologen Leuckart in Gießen betätigt hatte und wohl auch in dieser Zeit Hugo von Ritgen kennen lernte. Während seiner Wanderjahre hält er sich u.a. auch 1 1/2 Jahre in Rom auf, um sich schließlich in Hildesheim als Freischaffender niederzulassen. Seine Beziehungen zu Gießen rissen nicht ab; denn seine Frau hatte er sich von dort genommen. So kam es auch, daß er für das Grabmal von Ritgen (nach 1889) die heute noch vorhandene Bildplakette schuf.

Bild 29. *Der sterbende Offizier vor dem Hintergrund von Gleiberg und Vetzberg*
Foto: Dr. O. Ruckelshausen-Weckler

Das Mittelbild des Gailschen Grabmals zeigt den sterbenden Offizier, dessen Porträtähnlichkeit damals schon durch Fotografien möglich gemacht werden konnte. Im Hintergrund die uns so vertraute Silhouette der Gießener Landschaft mit den Ruinen des Gleibergs und Vetzbergs. Hiermit soll das Motiv gegeben werden, warum Soldaten in den Krieg ziehen. Die Heimat soll geschützt werden. Welches Opfer an Hab und Gut hatten die zwanzig Jahre um die Wende des 18. zum 19. Jahrhundert verlangt. Nach der Besetzung durch die französische Revolutionsheere wurden Hunderttausende von Gulden als Contributionen gefordert, dazu kamen zusätzlich die Bürger für die nicht abreißenden Einquartierungen auf. Mann und Tier mußten verpflegt werden. Als das Gießener Regiment dann unter Napoleon nach Rußland marschierte, kamen von den 2788 Soldaten 1133 zurück. Das will sagen, von 5 Soldaten blieben 3 in Rußlands Erde.

Auch die Familie Gail hatte in den letzten Julitagen des Jahres 1870 Abschied genommen. So lautet daher die Unterschrift unter das linke Bild: „Abschied". Bezug genommen wird auf den biblischen Bericht im 1. Buch Moses, Kapitel 48. Der Großvater Jacob segnet seine Enkel Ephraim und Manasse, die beiden Söhne Josephs.

Auf der rechten Seite finden wir mit der Unterschrift „Auferstehung" eine Darstellung aus dem Evangelium Lucas Kap. 7: Die Auferstehung des Jünglings zu Nain. Die mit „Hoffnung" (links) und „Liebe" (rechts) gekennzeichneten Figuren wollen das, was in den Bildtafeln zum Ausdruck kommt, noch inhaltlich ergänzen.

Wenn wir den Weg nach oben gehen, auf den höchsten Punkt des Friedhofs zu, so finden wir eine weitere umfangreiche Grabanlage der Familie *Gail*, die uns an unser deutsches Schicksal in den letzten 100 Jahren erinnert. Eine Bronzetafel mit dem Namen Georg Gail, erinnert an ein Grab im fernen Rußland, wo der letzte männliche Namensträger der Familie, noch nicht ganz 20 Jahre alt, im unbekannten Grabe ruht.

Neben den unteren Gräbern, der Familie Gail schließt sich links eine Grabstätte der Familie *Kempf* an, die seit Jahrhunderten in Gießen ansässig ist. Schon 1566 wird der Name in Gießener Bürgerlisten genannt. Späterhin stellt sie manchen Ratsherren und übernimmt die Posthaltung. Es wird berichtet, daß noch um die Mitte des vorigen Jahrhunderts in der Kempfschen Posthalterei über 50 Pferde standen. Der letzte Posthalter starb zu einer Zeit, da sein Dienst zum Aussterben verurteilt war. Die von Frankfurt und Kassel vorgetriebene Main-Weserbahn wurde im Jahre 1859 geschlossen und das war das Todesurteil für die Pferdepost. Es ergab sich natürlich in Jahrhunderten, daß die Familie Kempf mit vielen Familien in Gießen versippt war. In dem Gießener Familienbuch von Otto Stumpf werden um 1700 allein 20 Familien Kempf aufgeführt.

Als die hessische Großherzogin Eleonore im Jahre 1906 zum ersten Mal Mutter wurde, begegnete ihr die ganze Problematik einer Mutterschaft. Aus dieser eigenen Erfahrung wurde ihr bewußt, wie eng bei einer Geburt Leben und Tod sich begegnen, wie gefährdet das Leben von Mutter und Kind sein können. Der Tauftag des Erbprin-

zen Georg Donatus wurde der Gründungstag einer „Zentrale für Säuglingspflege und Mutterschutz", die von der „Ernst Ludwig und Eleonorenstiftung" getragen werden sollte. Zunächst einmal wurde von dem Großherzoglichen Elternpaar eine Summe von 50 000 Mark als Gründungskapital zur Verfügung gestellt.
Die Arbeit der „Zentrale" begann damit, Zahlenmaterial zu sammeln, das eine Übersicht über die Säuglingssterblichkeit geben sollte. Das Ergebnis war ein erschreckendes Bild. Im Reichsdurchschnitt starben 20,4 % der Neugeborenen im ersten Lebensjahr, das besagt also jedes 5. Kind. Beim Vergleichen der Zahlen ergab sich weiterhin, daß es Gebiete - auch in Hessen - gibt, wo diese Zahlen - aus Gründen, die noch festzustellen waren - auf die Hälfte sinken. Es ergab sich weiterhin, daß die sozialen Verhältnisse nicht allein an der hohen Sterblichkeit schuld sind, sondern vielfach - ohne Rücksicht auf die Besitzverhältnisse - die Ernährungsschäden die Sterblichkeit verursachten. Die Ernährung wiederum war landschaftsweise von Sitten - oder besser gesagt - Unsitten -bedingt. Das Ergebnis der Untersuchungen der „Zentrale" war schließlich dies, daß der Ärzteschaft in der Bekämpfung der Säuglingssterblichkeit eine Schlüsselstellung zukomme. So wurde aus dieser Initiative der großherzoglichen Eltern, die inzwischen einen zweiten Sohn bekommen hatten, in Gießen 1912 eine Kinderklinik eröffnet, „die die erste ihrer Art in Deutschland war". Die „Stiftung" mußte sich dem Staat gegenüber verpflichten, die Klinik auf eigene Kosten zu unterhalten. Der Staat erklärte sich in einem Anflug von Großzügigkeit bereit, jährlich einen Zuschuß von 3 000 Mark zu bewilligen. Es ist hier nicht der Ort, zu schildern, welch dornenvollen Weg Professor *Koeppe* gehen mußte, um das Fach „Kinderheilkunde" im Bereich der medizinischen Fakultät zur Anerkennung zu bringen. Koeppe gab 1933 die Leitung der Klinik ab und erst unter seinem Nachfolger wurde die Kinderklinik und ihr Leiter in die medizinische Fakultät aufgenommen. Die Forschungsergebnisse von Koeppe und deren Umsetzung in die Praxis wurden bahnbrechend in der medizinischen Welt, dabei seien nur Stichworte genannt: Untersuchung der Kühe auf Tuberkulose, die Lieferung einwandfreier „Vorzugsmilch", die Einrichtung von Milchküchen u.a.m. Ebenso neu war die Ausbildung von Säuglingsschwestern.
Diese Arbeit an den Medizinstudenten, an Schwestern und Hebammen führte, im Rückblick auf das, was noch um die Jahrhundertwende geschah,zu geradezu bedrückenden Erkenntnissen. Trotz der verheerenden Umstände während des Weltkrieges I (1914-18) auf

XVIIc Mauer

dem Ernährungssektor, sank die Säuglingssterblichkeit auf die Hälfte. Als Koeppe abging betrug sie noch 5,5%, d.h. statt jedes 5. Kindes starb jedes 20. im ersten Lebensjahr. Die Gießener Kinderklinik - immerhin die erste an einer Universität - hat dazu nicht wenig beigetragen.

Der Besucher des Alten Friedhofes wird wahrscheinlich mit dem auf dem daneben stehenden Grabstein und dem Namen A. *Laubenheimer* nichts verbinden können. A. Laubenheimer wurde 1848 in Gießen geboren und lebte bis 1883 in Gießen. Nach dem Besuch des hiesigen Gymnasiums studierte er in Gießen Chemie, wurde Assistent am chemischen Institut und schließlich a.o. Professor der Chemie. Nun ging er einen Weg, der bis dahin für einen akademischen Lehrer ungewöhnlich war, der aber von neuen Aufgaben zeugt, die der Universität bis zu Beginn der Lehrtätigkeit von Justus von Liebig unbekannt waren. Laubenheimer übernahm für 20 Jahre die Leitung eines Industriebetriebes, dessen geistiger Vater Justus Liebig war. Nach ihren Gründern hieß der Betrieb Meister, Lucius und Braun, als Höchster Farbwerke half ihnen nicht zuletzt Laubenheimer zu Weltruf. 20 Jahre ehe Laubenheimer in Höchst begann, arbeiteten dort ein Chemiker, ein Buchhalter und 5 Arbeiter. Sieben Jahre später waren es schon 6 Angestellte und 200 Arbeiter, und 10 Jahre nach seinem Tod arbeiteten in Höchst 9000 Arbeiter.

Die deutsche Farbenindustrie beherrschte derart den Weltmarkt mit ihren Produkten, daß während des 1. Weltkrieges außerhalb Deutschlands ein katastrophaler Mangel an Farben auftrat. Bei den Friedensverhandlungen in Versailles im Jahre 1919 verlangten die Franzosen allen Ernstes,daß ihnen 60% des Aktienkapitals der deutschen Farbenindustrie ausgeliefert werde. 10 Jahre später beträgt Deutschlands Anteil am Farbenhandel in der Welt wieder 68%. Die 18% Anteil der Farbenproduktion in der Schweiz können noch dazu gezählt werden. Die Schweiz hatte sich diesen Anteil dadurch gesichert, weil sie die deutschen Patentrechte nicht anerkannte, was aus rein formalen Gründen nicht angefochten werden konnte. Die Produktion künstlichen Krapps (Rote Farbe) betrug in ganz Deutschland 1500 kg als Laubenheimer in Gießen Assistent am Chemischen Institut war. Als er starb, betrug die Produktionsziffer 2 Millionen Kg, wovon die Hälfte ins Ausland ging. In der gleichen Zeit sank der Preis für ein Kilogramm Krapp-Rot von 270 Mark auf 6,30 Mark für das Kilogramm aus Höchst. Nach 1945 saß dem Kontrollrat dieser Vorrang der deutschen Farbindustrie mit all ihren Nebenzweigen so in den Knochen, daß er die Auflösung der Interessengemeinschaft der Farbindustrie (= I.G. Farben) verlangte. Kurz nach dem Tod von Laubenheimer war dieser Zusammenschluß der Höchster Farbindustrie, der Agfa-Berlin, der Badischen Anilin- und Sodafabrik in Ludwigshafen und der Bayer-Werke Leverkusen zustandegekommen. Das war allerdings ein Vorstadium, das erst 1925 seine endgültige Fassung fand.

Auf dem Gräberfeld XVIII erinnert ein schlichter Grabstein an ein Gießener „Kind", das auf dem Wege war, die steile Leiter einer erfolgreichen Bühnenlaufbahn schnellstens zu erklimmen. *Beatrice Döring* hatte sich schon in ihrer Schulzeit in aller Stille unter Anleitung von Frau Prasch-Grevenberg, der Mutter des damaligen Gießener Intendanten Dr.R. Prasch, auf eine Bühnenlaufbahn vorbereiten lassen. Frau Prasch-Grevenberg war eine der letzten noch lebenden „Meininger", jener Theatergruppe, die unter Anleitung des Herzog Georg II von Sachsen-Meiningen nach Form und Inhalt dem deutschen Theaterleben neue Impulse gab. Nach bestandenem Abitur wurde Beatrice Döring an das hiesige Theater durch Dr. Prasch verpflichtet. Mit welcher Leidenschaft und Hingabe, aber auch mit welchem Können sie zu spielen wußte, soll in zwei Aussprüchen der Bühnenarbeiter aus der damaligen Zeit zum Ausdruck kommen, die ungeschminkt als vox populi (= Stimme des Volkes) eingestuft werden müssen. In Schillers „Jungfrau von Orleans" hatte Beatrice Döring die Titelrolle bekommen. Zur Premiere brachten die Bühnenarbeiter, als sich nach Schluß der Vorhang unter nicht abklingendem Beifall immer wieder hob, einen Tisch auf die Bühne, auf dem sich die Blumen häuften. An einem Strauß befand sich ein Zettel mit der Aufschrift: „Unserm Döringsche - Die Bühnenarbeiter". Eine Freundin berichtet, wie sie zwischen den Kulissen stand, um Beatrice abzuholen, stand neben ihr ein Bühnenarbeiter, dem die Tränen in den Augen standen. Er entschuldigte sich damit: „Ich kann doch unser Döringsche nicht sterben sehen." Provinztheater? Wohl kaum! Als der Intendant Dr. Prasch 1933 nach Darmstadt berufen wurde, nahm er Beatrice Döring mit. Sie hatte in Gießen eine wohl einmalige Bühnenleistung vollbracht. Sie übernahm die Rolle des Gretchens in Goethes „Faust" mit einem kaum glaubhaften Wagnis: Sie spielte die Rolle mit ihren schwarzen Haaren und hatte Erfolg. Kein Wunder, daß die Bühnenwelt bald auf sie aufmerksam wurde und einer der Könige im Reich der Theaterregie - Saladin Schmidt - sie nach Bochum verpflichtete. Da kam die Nachricht, daß sie auf der Insel Sylt während eines Badeaufenthaltes ein jähes Ende gefunden hatte. Es mag mit zu den Rätseln dieses Lebens gehören, daß Beatrice Dö-

Bild 30. *Ein 16 jähriger Junge war in der Lahn ertrunken. Soll der auf die Spitze gestellte Würfel andeuten, wie launenhaft das Schicksal zugeschlagen hat?*

ring, die so oft in Tragödien Verse aufsagte, die traurig stimmen konnten, selbst Verse geschrieben hat, voller Wehmut und Traurigkeit. Es war den Gießenern unfaßbar, daß sie die so eindringliche und unvergeßliche Stimme „ihrer" Beatrice Döring nicht mehr hören sollten.

Wenn wir von dem Tor von der Licher Straße kommen, und auf die Südmauer zugehen, liegt auf halbem Wege auf der rechten Seite auf einem Grab eine große Steinplatte. Die Inschrift erinnert an den 18. Bibliothekar der Universitätsbibliothek, *Johann Valentin Adrian.* Er

war 1793 geboren und kam über Würzburg 1823 als Professor der neueren Sprachen nach Gießen. Wenn in der antiken Sage geschildert wird, daß Sisyphus dazu verurteilt wurde, weil er die Gottheiten gelästert hatte, einen Stein den Berg hinaufzurollen, der, oben angekommen, ihm wieder entglitt, so kann man die Arbeit von Professor Adrian in Gießen damit vergleichen.
Aber der Unermüdlichkeit von Professor Adrian blieb der Erfolg schließlich doch nicht versagt. Von 1830-64 war er in der Bibliothek und stellte in dieser Zeit in einer unvorstellbaren, mühevollen Arbeit nach z.T. von ihm selbst aufgestellten Grundsätzen einen Katalog in Blattform zusammen. Das war schon allein deshalb schwierig, weil der Universitätsbibliothek mehrfach umfangreiche Bibliotheken von Professoren unter der Bedingung vermacht wurden, daß sie geschlossen aufgestellt werden. Ein Vermächtnis besonderer Art war darunter die Senckenberg-Bibliothek, die aus ca. 9000 Büchern und 1000 Handschriften bestand. 1732 war es die May'sche Bibliothek mit 3487 Bänden und 1756 die Koch'sche Bibliothek mit 2682 Bänden, die schon damals unter der Auflage der geschlossenen Aufstellung vermacht worden waren.
In Jahrzehnten, bevor Adrian kam, war nichts geschehen, nur hatte niemand vergessen, die Gelder abzuholen, die für die Verwaltung der jeweiligen Bücher aus den Erträgnissen der Vermögensvermächtnisse zustanden. Es verdient festgehalten zu werden, daß Adrian sein Vorhaben nicht durchführen konnte, einen Katalog zu drucken. Die Begründung dazu war nicht für jedermann überzeugend: Dadurch käme es ja unter die Leute, wieviel inzwischen verschwunden sei.
In einer unendlichen Mühe stellte Adrian einen Zettelkatalog her, den er fast durchweg selbst geschrieben hat. Obwohl in der Verwaltung von Universitätsbibliotheken anderswo wertvolle Neuerungen eingeführt worden waren, wurde in Gießen auf Grund der „Basisarbeit" von Adrian über 100 Jahre nach seinem System weiter gearbeitet.
Erst als nach den Zerstörungen nach 1944 (Brand und Feuchtigkeit) festgestellt wurde, daß nur noch ca. 10% der im Adrian-Katalog verzeichneten Bücher vorhanden waren, wurde an der Universität nach neuen bibliothekarischen Grundsätzen gearbeitet. Ein Katalog in 6 Bänden umfasst 1460 Seiten „mit einer feinen, zierlichen, sauberen Handschrift." Man kann es kaum fassen, daß Adrian noch zusätzlich in der Lage war, wissenschaftlich tätig zu sein und auch noch zahlreiche Übersetzungen aus dem Englischen zu veröffentlichen. Dieser Katalog ist noch heute durch seine Buchtitel aus dem vergangenen

Jahrhundert eine dem Fachmann wertvolle Fundgrube.
Gegenüber dem Grab von Röntgen erinnert eine schlichte Grabtafel an einen Mann, der ohne große Anerkennung zu finden, an seiner Klinik in Gießen eine medizinische Großtat vollbracht hat, die eines Nobelpreises würdig gewesen wäre. Professor *Georg Haas* gelang es 1924 erstmalig in der Geschichte der Medizin, erfolgreich eine Blutwäsche (medizinisch: Hämodialyse) durchzuführen. Erst vor 2-3 Jahren machte ein Institut in den U.S.A. darauf aufmerksam,daß auf Grund eines Berichtes in einer Fachzeitschrift, den Professor Haas gab, dies eine Erstlingstat war. Kurze Zeit darauf wurden mit Erfolg noch 6 weitere Patienten in Gießen behandelt. Heute ist es durch Fortentwicklung der entsprechenden Geräte möglich, eine Heimdialyse durchzuführen, eine lebensrettende Maßnahme, die in den Zwischenperioden sogar Berufstätigkeit ermöglicht.
Wenn man von der kleinen Pforte am Nahrungsberg kommt, fällt nach einigen Schritten auf der rechten Seite des Weges ein Kreuz auf, dessen Form für uns fremd wirkt. Die Inschrift: I am the life and the resurrection- (Ich bin die Auferstehung und das Leben (Johannes evangelium Kap.11 Vers 25) hat schon zu manchen Fragen Anlass gegeben. Das Kreuz ist eine Nachahmung eines Kreuzes für einen schottischen König auf seinem Grab auf der Insel Iona westlich Schottland. Das Kreuz ist umschlungen von dem Sonnenrad, das mit einem Schlangenornament geziert ist. Es wurde im Jahre 1893 für den Leiter des Bergwerkes vor den Toren von Gießen, auf dem Wege zwischen Kleinlinden und Großenlinden, errichtet.
Schon in den 30er Jahren des vorigen Jahrhunderts gab es in Gießen einen Lehrstuhl für Geologie und Mineralogie, der von Professor August von Klipstein eingenommen wurde. Er kam aus dem Forstfach und es war selbstverständlich, daß sein Auftrag als Universitätsprofessor, Lehre und Forschung zu vereinen, dazu führte, im wahren Sinn des Wortes die Gegend um Gießen abzuklopfen. Der Gießener Professorensohn Karl Vogt, der aus politischen Gründen als Student 1835 Gießen fluchtartig verlassen mußte, später 1847/49 als Professor der Zoologie wieder nach Gießen berufen wurde,das er wieder als Abgeordneter des Frankfurter Parlamentes fluchtartig verlassen musste, schreibt in seinem Buch „Nordfahrt":„Ich weiß sehr wohl, daß Lokalitäten dieser Art (Geologische Befunde in Norwegen), die ich sehr gut aus eigener Anschauung kenne, wie z.B. diejenige von Kleinlinden bei Gießen----") Aber erst 1842 kam es zu einer Nutzung des Gießener Bergbaus. Ein Hofgerichtsadvokat Briel erwarb sich vom Staat Schürfrechte, wozu ein Gutachten von Profes-

sor Liebig eine besondere Ermunterung bedeutete. Darin heißt es:„In dem hiesigen Universitätslaboratorium wird seit der Aufschließung des in der Nähe von Gießen vorkommenden Braunsteinlagers kein anderer Braunstein mehr verbraucht.--"Aus Braunstein ist Chlor herzustellen, er dient außerdem dazu, als Beigabe bei der Herstellung von Stahl und Eisen verwendet zu werden.
Der Hofgerichtsadvokat kam trotz Prozesse, die er führte, mit dem Bergbau nicht zu Rande und verkaufte seine Schürfrechte an den Engländer Fernie, der sich schon in anderen Gegenden an Lahn und Dill angekauft hatte. Fernie holte sich seinen Landsmann *Peter Wilson,* der dann mit größtem Erfolg den Bergbau bei Gießen leitete. Nach 31 Jahren Aufenthaltes in Gießen bezeugt seine Grabinschrift, daß er nie ganz hier zu Hause war. War der Bergbau einst mit knapp zwei Dutzend Bergleuten begonnen worden, so stieg er bis zu 800 Beschäftigten auf.Zeitweise standen auf dem Oberhof bis zu 100 Pferde.Die Kriegsjahre 1914-18 und 1939-45 ließen natürlich die Nachfrage nach Braunstein zur Herstellung von Waffen besonders ansteigen, wobei die Rentabilität keine Rolle spielte. Wie wenig die Konjunktur zu überschauen war, mag daraus zu ersehen sein, daß noch 1950 unter dem Aufwand von vielen Millionen eine Erzgrube unter Tage bei Königsberg im Biebertal eröffnet wurde. Auch die I.G. Bergbau errichtete in diesen Jahren eine umfangreiche Geschäftsstelle. Als ein Jahrzehnt vergangen war, schloss die Grube Königsberg und die Mannesmannwerke ihre Niederlassung der Verwaltung in Gießen, ebenso auch die I.G. Bergbau ihr Verwaltungshaus. Die Welt war auch in Giessen anders geworden. An das, was einmal war, erinnern heute nur noch der Name „Bergwerkswald" und die Krater dort vom Tagebau und den eingesunkenen Schachtanlagen. Ein Naturschutzgebiet ist dort entstanden mit allerlei seltenen Pflanzen und Tieren, das dank seines unsicheren Untergrundes hoffentlich von Verkehrserschließungen verschont bleibt.
Aber noch eine Erinnerung ist geblieben und wird wohl bleiben, so lange es einen deutschen Bergbau gibt. Als kurz nach der Jahrhundertwende Jugendliche sich auf den Weg machten, die Heimat zu erwandern, machte sie sich auf die Suche nach Liedern, die aus dem Volk kamen und gaben unter dem Namen „Der Zupfgeigenhansl" eine Sammlung dieser Lieder aus dem Volk heraus, wo weder der Verfasser noch der Komponist mit Namen genannt werden konnten. Das Liederbuch erreichte eine Millionenauflage und hat einer ganzen Generation ihr Gepräge gegeben. Wer kennt dies Lied nicht: Glück auf! Glück auf! Der Steiger kommt-----. Über den Noten steht

geschrieben: „Aus der Gegend von Gießen."
Bis zur Zerstörung im Dezember 1944 gab es an der Stelle, wo heute eine Unterkunft für die Friedhofsgärtner steht, ein Gebäude, das in seinem Giebel die Inschrift trug „Unserm Wortmann". Es war kein Grabmal, sondern eine Leichenhalle. Die Widmung hatte ihren Ursprung darin, daß der Stadtarzt Dr. Wortmann sich unter großem Einsatz darum bemüht hat, die Erkenntnisse der Medizin in die Wirklichkeit des Alltags zu übertragen. Erst das 19. Jahrhundert hatte weitgehende Erkenntnisse darüber gewonnen, welcher Krankheitsträger das Wasser zu sein vermag, einmal als Trinkwasser, zum andern als Abwasser. Daneben war es auf einem anderen Gebiet dazu gekommen, daß man aus den medizinischen Erkenntnissen medizinische Folgerungen zog. Das war auf dem Gebiet der ansteckenden Krankheiten, durch Verhütung der Infektionen durch Impfungen. Auf beiden Gebieten hatten, nicht zuletzt die Mütter „Unserm Wortmann" viel zu danken.
Wenn nun der Besucher den Rundgang beendet hat, gehe er noch einmal auf die kleine Anhöhe, wo ein Bildnis aus den 20er Jahren (Schule Kolbe?) steht. Ursprünglich wurde es von der Familie Noak in Auftrag gegeben. Ich gestehe, daß mir nicht ohne weiteres eine Sinndeutung gekommen war. Wie hat der Künstler sein Werk verstanden, von dem er wusste, daß es für ein Grab bestimmt war? Man kann es so verstehen:An den Gräbern sollte man niederknien. Sich beugen, bedeutet nicht nur eine äußerliche Geste, sondern ist der Ausdruck einer inneren Haltung. Sich beugen! Wie schwer wird das manchmal! In welcher gekonnten Weise kommt auch das andere zum Ausdruck: An Gräbern legen wir den Dank nieder. Das müssen nicht immer Blumen sein, es kann auch die Dankbarkeit im Herzen sein, die wir stillschweigend, unsichtbar niederlegen, Das gilt nicht nur den in diesem Büchlein Genannten, sondern ebenso den vielen, vielen Ungenannten.

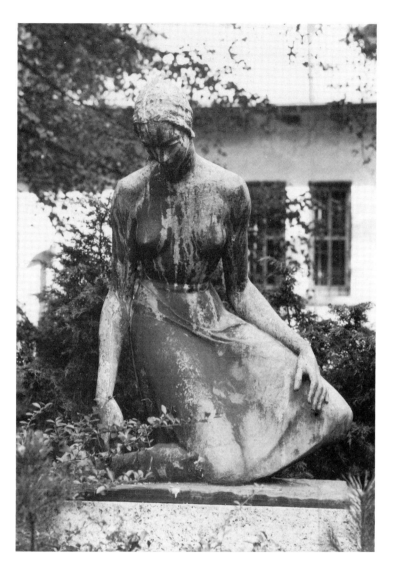

Bild 31. *Wo sich die Menschen nicht mehr beugen,
da sinken Städte in die Knie;
(Rüdiger Syberberg 1944)*
Foto: Brunk

Nachwort zur 2. Auflage.

Es ist für den Verfasser eines Buches stets die schönste Freude, wenn sein Werk möglichst bald vergriffen ist, wie der Ausverkauf in der Sprache des Buchhandels heisst. Ich danke für mancherlei Anerkennung, die ich schriftlich und mündlich gefunden habe. Es zeigt sich wiederum, daß es viele Menschen gibt, die nicht geschichtslos leben möchten. Das ist keineswegs eine Flucht in die Vergangenheit,um sich über die harte Wirklichkeit der Gegenwart hinwegzutäuschen. Geschichtsbewußtsein hat vielmehr den Sinn, den der Goethepreisträger Manes Sperber so zum Ausdruck gebracht hat.

„Um einen Lebenden zu verstehen, muß man wissen, wer seine Toten sind."

Rund 16 Generationen sind auf dem Alten Friedhof zu Grabe getragen worden. Die Gesamtzahl der Begrabenen hat jemand einmal auf etwa 35 000 geschätzt. Wenn hier nur über etwa 50 Gräber berichtet wird, so soll das nicht heißen, daß die Nichtgenannten uns nichts bedeuten. Aber über die Genannten war mancherlei zu schreiben, weil sie Bücher geschrieben haben und über sie Bücher geschrieben wurden. Außerdem sind aus den früheren Jahrhunderten meist nur noch die Grabsteine der Universitätsangehörigen erhalten.

Es bleibe nicht unerwähnt, daß endlich ein Anfang damit gemacht wurde, allerlei zu tun, um in der Kapelle und auf dem Friedhof erhaltenswerte Grabmäler zu konservieren und zu restaurieren. Da die Kapelle im Eigentum der Stadt steht, wurde dies durch die Stadtverwaltung veranlaßt. Ihr sei dafür besonders gedankt und wir verbinden damit die Hoffnung, daß auch weiterhin in dieser Richtung etwas geschieht. Kunstbildhauer Arnold hat durch Ausbesserung von allerlei Schäden und neue Farbgebung den drei lebensgroß gehauenen Figuren in der Kapelle (Winkelmann, Feuerborn, Haberkorn) erhöhte Eindruckskraft gegeben. Ebenso wurden in mühevoller Arbeit die Goldinschriften zweier Bildtafeln erneuert, die sie wieder lesbar zu uns sprechen können. 4 Grabsteine an der Nordwand (Ausgang Licher Straße) und der Westwand (nach dem Nahrungsberg) sind von dem Restaurator Schaper in einem arbeitsreichen Verfahren durch gelungene Abgüsse ersetzt worden, so daß die Originale in die Räume des neuen Museums verbracht werden konnten und vor weiterem Verfall bewahrt bleiben. Mit diesem Verfahren sollen im Laufe der Zeit noch weitere bemerkenswerte Grabsteine der Nachwelt erhalten bleiben.

Vieles ist aber auch verloren gegangen. Wir können nur sagen: Schade! Besonders betroffen sind wir davon, daß mehrmals in den letzten Jahren Horden nachts ihr Unwesen getrieben haben, indem sie sich damit befassen, Grabsteine zu zerstören. Grabsteine sind uns mehr als nur Material.

Es ist nichts damit getan, daß wir uns empören. Wir fragen uns aber: Was geht in den Herzen von Menschen vor, die noch nicht einmal Ehrfurcht vor den Toten haben, wahrscheinlich noch viel weniger vor den Lebenden? Ist das der Erfolg der Leute, die so gerne davon reden, es gelte, „Tabu's zu brechen". Ist das Freiheit, frei von Ehrfurcht zu sein?

Literaturangaben: Welche Schwierigkeiten diese machen, mag daraus zu ersehen sein, daß in den 45 Bänden der „Allgemeinen Deutschen Biographie" (Erschienen um 1880) von 100 Professoren, die seit 1607 bis dahin in Gießen gestorben sind, nicht weniger als 45 genannt werden. Jeweils schließt sich eine umfangreiche Literaturangabe von und über den Betreffenden an.

Die Promotion von Frau Dr. E. Kredel ist 1929 und 1931 im 7. und 8. Band der „Nachrichten der Gießener Hochschulgesellschaft" erschienen. Sie trägt den Titel

Bild 32 und 33. *Zwei Beispiele von Grabsteinen, die in ihrer künstlerischen Gestaltung ein besonderer Ausdruck ihrer Zeit waren und das Opfer einer sinnlosen Zerstörung wurden.*

„Grabinschriften von Gießener Hochschulangehörigen". Das Zerstörungswerk der Witterung ist in diesen Jahrzehnten so voran gekommen, daß viele Inschriften unlesbar geworden sind und dieser Arbeit darum ein besonderes Verdienst zuerkannt werden muß.
Mein besonderer Dank gilt Herrn Dipl.Ing.Gravert, der uns aus dem Nachlaß seines Vaters, des früheren Stadtbaudirektors, die Mehrzahl der Aufnahmen zur Verfügung gestellt hat. Diese haben ihren besonderen Wert darum, daß sie um 1930 aufgenommen wurden. Der damalige Zustand der Grabsteine hat sich seitdem durch Witterungseinflüsse derart verändert, daß wir für diese Bilder besonders dankbar sind.
Frau Dr. O.Ruckelshausen-Weckler hat in Band IV der „Gießener Beiträge zur Kunstgeschichte" einen reich bebilderten Artikel geschrieben: „Das Grabmal Gail auf dem Alten Friedhof in Gießen - Studie zur Bildnerei Friedrich Küsthardts d.Ä. (1830-1900)" Wir danken für die Bilder, die sie uns zur Verfügung gestellt hat. Mit viel Sorgfalt und Gewissenhaftigkeit wurde hier dem Leben und Werk von Küsthardt nachgegangen und alles kunstgeschichtlich eingeordnet.
Manche Nachrichten über Lebensläufe wurden den 3 Bänden „Hessische Biographien" entnommen.
Insgesamt darf gesagt werden, daß in 30 Jahren das Material zusammen getragen wurde, manchmal im wahren Sinn des Wortes „verzettelt". Es hätte keinen Sinn, weitere Literaturangaben zu machen, weil sich die Angaben in verschiedenen Werken wiederholen und vielfach nur zur Kontrolle herangezogen wurden, allerdings auch vielfach zu Korrekturen dienten.